U0113311

本书系共青团中央中国特色社会主义理论体系研究中心重大项目"图像形塑力与五四以来青年形象的建构（20TZTSKA003）"阶段性成果

｜光明社科文库｜

"一带一路"视域下的
国家形象和青年形象

杨　晶◎著

光明日报出版社

图书在版编目（CIP）数据

"一带一路"视域下的国家形象和青年形象 / 杨晶

著 . -- 北京：光明日报出版社，2022.11

ISBN 978 - 7 - 5194 - 6898 - 9

Ⅰ.①一… Ⅱ.①杨… Ⅲ.①国家—形象—研究

Ⅳ.①D80

中国版本图书馆 CIP 数据核字（2022）第 212747 号

"一带一路"视域下的国家形象和青年形象

"YIDAI YILU" SHIYU XIA DE GUOJIA XINGXIANG HE QINGNIAN XINGXIANG

著　者：杨　晶

责任编辑：石建峰　　　　　　　　责任校对：阮书平

封面设计：中联华文　　　　　　　责任印制：曹　净

出版发行：光明日报出版社

地　　址：北京市西城区永安路 106 号，100050

电　　话：010 - 63169890（咨询），010 - 63131930（邮购）

传　　真：010 - 63131930

网　　址：http://book.gmw.cn

E - mail：gmrbcbs@gmw.cn

法律顾问：北京市兰台律师事务所龚柳方律师

印　　刷：三河市华东印刷有限公司

装　　订：三河市华东印刷有限公司

本书如有破损、缺页、装订错误，请与本社联系调换，电话：010-63131930

开　　本：170mm×240mm

字　　数：175 千字　　　　　　　印　　张：14.5

版　　次：2023 年 1 月第 1 版　　　印　　次：2023 年 1 月第 1 次印刷

书　　号：ISBN 978 - 7 - 5194 - 6898 - 9

定　　价：89.00 元

序

近年来，随着中国综合实力逐步增强，中国的国际地位、影响力和话语权正逐渐增长，同时国际社会对中国国家形象的认知也在逐步朝向与我有利的方向发展。但国家形象的塑造和传播也存在力度不足、手段不强、载体不丰富、内涵不明确等问题，在全球化遭遇逆流、新冠疫情仍然严重、全球保护主义抬头的大环境下，如何提升改善国家形象，形成吸引力和保持影响力是我们必须面对的全局性问题。

国家形象塑造与传播是个系统工程，其中最核心的内容是传播的载体问题。经过多年来的实践，国家形象已形成一套体素，但对人的作用方面未得到应有的重视。青年是国家的未来，青年形象是国家形象的重要组成部分，在"一带一路"框架下，青年形象与国家形象关系是怎样的？青年形象对国家形象塑造和传播能起到什么作用？国家形象对青年形象的构建主要影响在哪些方面？这种关系性研究将有助于进一步提升国家形象塑造和传播的效能。

国家形象与青年形象的关系性研究亟待解决以下理论问题：

一是社会背景。国家形象与国家相伴生，是一国之大体。当前，全球化问题、疫情问题（吉登斯理论）、社会问题、气候问题均对国家形象塑造产生影响。同时，国家形象与一国之文化本根相关，国家文化的内涵和特点也决定国家形象。在这样的社会背景下，青年形象是否与国家形象游离？青年形象的定位在哪里？（通过梳理青年形象发展史来确定）

二是理论来源。要明确国家形象现在的体系、框架和已产生的效果。要明确青年形象现有体系、框架和已产生的效果。要明确国家形象与青年形象的内在关系，是决定与被决定、互补、还是网络构型，可参照场域理论。要明确国家形象体系中，关于人的作用是否发挥充分。在"三新"阶段，国家形象和青年形象应该重点解决什么问题？明确关系、发展定位、以及发挥自身作用。

国家形象与青年形象的关系性研究亟待解决以下实践问题：

一要重点解决青年形象融入国家形象的路径。如，国家形象体系是否有青年形象的传播与国际交流内容，是否有青年形象培育和传播机制？青年中长期发展规划中的关于形象的内容是否落实？

二要重点解决青年形象在当代社会影响力弱化的问题。找出原因，是社会发展因素，还是传播本身的问题，或者说是青年发展体系不足的问题。

三是重点解决国家形象与青年形象中共同存在的问题，如文化传承与弘扬的问题。

为此，本书作为关系性研究，核心问题是从理论上明确国家形象与青年形象之间的相互关系，并从历史发展脉络、重大事件、国内外重大政策等实践层面进行阐释，以达到助力提升国家形象塑造和传播的效能。

目 录
CONTENTS

第一章 "一带一路"研究的现状、反思及发展趋势

"一带一路"倡议被提出以来，相关学术研究可谓硕果累累，内容涉及了政治、金融、文化、旅游、教育、能源、医疗、环境卫生等方方面面，研究视角日渐丰富，研究方法逐渐多元，囊括了全球的各个区域、国际组织、国家和地区。学者们主要对"一带一路"倡议的概念，范围，定位，实施的背景及可能性，建设内容，目的，实施影响及意义，面临的挑战与反思，未来发展等进行了讨论研究，下面将一一总结概括。

第一节 "一带一路"研究现状

研究界对于"一带一路"的研究覆盖面较广，涉及的领域众多，"一带一路"倡议一经提出，得到了各领域、各专业人士的积极回应，涉及政治、经济、贸易、文化、交通、科技、社会、环境、卫

生、医疗等方方面面。在此对"一带一路"研究涉及的各领域进行大致的归类、整理和综述。

一、"一带一路"政治方面的研究

"一带一路"政治方面的相关研究有"一带一路"与人类命运共同体的建设、"一带一路"实施的战略背景和意义等。

有关"一带一路"与人类命运共同体构建的平台和载体的相关研究有,《中国"一带一路"倡议蕴含的陆海统筹文明观研究》① 认为"一带一路"是着眼于人类前途命运的国际主义人文观。《中国特色社会主义理论体系视角下的"一带一路"倡议》指出,"一带一路"倡议既是一项战略部署也是经济计划,不会对全球经济体系构成威胁。②

"一带一路"倡议实施的战略意义研究,如《"一带一路"是欧

---

① 中国"一带一路"倡议蕴含的陆海统筹文明观研究 [J]. 社会科学辑刊, 2019 (06): 76-84, 213.

② 苏岚, 魏晓莎. 中国特色社会主义理论体系视角下的"一带一路"倡议 [J]. 东北亚论坛, 2020, 29 (02): 101-110, 128; 潘家华. "一带一路"倡议的战略再思考 [J]. 海南大学学报(人文社会科学版), 2020, 38 (01): 1-10, 180; 王义桅. 论"一带一路"的历史超越与传承 [J]. 人民论坛·学术前沿, 2015 (09): 19-27; 张玉杰. "一带一路"是中国建设大棋局中的棋眼 [J]. 中国党政干部论坛, 2014 (12): 17-19; 石泽. "一带一路"与理念和实践创新 [J]. 中国投资, 2014 (10): 43-45, 42; 钟飞腾. 超越地缘政治的迷思: 中国的新亚洲战略 [J]. 外交评论(外交学院学报), 2014, 31 (06): 16-39; 金玲. "一带一路": 中国的马歇尔计划? [J]. 国际问题研究, 2015 (01): 88-99; 盛毅, 余海燕, 岳朝敏. 关于"一带一路"战略内涵、特性及战略重点综述 [J]. 经济体制改革, 2015 (01): 24-29; "两会"热议: "一带一路"全面布局 [J]. 太平洋学报, 2015, 23 (03): 2; 贾庆国. 大胆设想需要认真落实"一带一路"亟待弄清和论证的几大问题 [J]. 人民论坛, 2015 (09): 28-30; 刘卫东. "一带一路"战略的科学内涵与科学问题 [J]. 地理科学进展, 2015, 34 (05): 538-544; 徐琴, 孙绍勇. "一带一路"文化共同体的生成逻辑探析 [J]. 广西社会科学, 2019 (11): 141-144.

亚非的共同发展战略》指出,"一带一路"倡议承载着古代丝绸之路的历史记忆,而且适应了当代各国适应经济全球化发展的共同需要。①《比较优势、产业转移与国际分工——基于"一带一路"倡议的研究》分析指出在当前国际新形势下②,"一带一路"倡议展现了中国与沿线国家构建新的分工关系。《"一带一路"战略》③ 指出"一带一路"倡议能够使沿线国家的共同需求得到满足,实现优势互补、开放发展。"一带一路"倡议有利于化解我国产能过剩的问题,有利于改善沿线国家基础设施条件,有利于实现"互惠互利"以及"走出去"的倡议。《中国"一带一路"战略定位的三个问题》则细致总结了关于"一带一路"倡议定位的三个问题,并且指出"一带一路"倡议也面临着很大的不确定性。④

"一带一路"建设与网络博弈相关的研究有,《基于决策规则结构化模型的"一带一路"网络博弈仿真研究》一文重点分析决策结

---

① 金应忠."一带一路"是欧亚非的共同发展战略 [J].国际展望,2015,7(02):85-96,148-149;张可云,蔡之兵.全球化4.0、区域协调发展4.0与工业4.0——"一带一路"战略的背景、内在本质与关键动力 [J].郑州大学学报(哲学社会科学版),2015,48(03):87-92;施杭齐,刘玉安.论"一带一路"建设的可持续发展基础 [J].国际观察,2020(01):138-156;陈柏福,刘莹.我国对外文化贸易竞争力状况分析——基于"一带一路"沿线国家核心文化产品贸易的比较 [J].湖湘论坛,2021,34(01):115-128.

② 栾秋琳,安虎森.比较优势、产业转移与国际分工——基于"一带一路"倡议的研究 [J].西南民族大学学报(人文社科版),2020,41(03):115-124.

③ 安宇宏."一带一路"战略 [J].宏观经济管理,2015(01):82.

④ 储殷,高远.中国"一带一路"战略定位的三个问题 [J].国际经济评论,2015(02):90-99,6.

构类型、舆论压力对"一带一路"国家博弈策略选择的影响。①
《"一带一路"视角下城市技术合作网络演化特征与影响因素研究》②
从"一带一路"角度探讨城市技术合作网络的时空演化格局及其演
化机制，并提出相应建议，如提升城市实力，推动科技创新中心的
建立，培养创新型企业，完善有关科技创新的制度保障等。

二、"一带一路"与经济的相关研究

"一带一路"与经济的合作相关研究较多，主要体现在经贸合
作、农业合作、服务业与制造业合作、物流合作、投资风险研究、
人民币国际化等方面。

"经贸合作"与"一带一路"建设的研究成果有，《中国与"一
带一路"沿线国家贸易的商品格局》通过研究中国与"一带一路"
沿线国家的经贸合作的演变特点及格局，得出中国与沿线国家贸易
的商品结构与各国出口优势行业基本一致，以及中国出口商品的空

---

① 赵昌平，李睿，齐建华，等. 基于决策规则结构化模型的"一带一路"网络博弈仿
真研究 [J]. 华中师范大学学报（自然科学版），2019, 53 (06)：968-976；孙建
秋，王婷婷. "一带一路"沿线国家物流绩效与中国投资区位选择 [J]. 商业经济研
究，2020 (02)：104-106；李金叶，李春莹. 境外经贸合作区对"一带一路"沿线
国家的经济效益研究 [J]. 商业经济研究，2020 (02)：147-151；许正中，杜宏巍.
世界格局变迁中的战略主动权之争——新常态下，如何善用巧实力？[J]. 人民论
坛·学术前沿，2015 (06)：42-55；柏学翥. "一带一路"外交战略与习近平道义
领导力 [J]. 领导科学，2015 (13)：8-9；姚辉斌，张亚斌. 要素禀赋差异、制度
距离与中国对"一带一路"沿线国家 OFDI 的区位选择 [J]. 经济经纬，2021, 38
(01)：66-74；许阳贵，刘云刚. 中国与"一带一路"沿线国家贸易及其影响因素
[J]. 热带地理，2019, 39 (06)：855-868.

② 焦美琪，杜德斌，桂钦昌，等. "一带一路"视角下城市技术合作网络演化特征与影
响因素研究 [J]. 地理研究，2021, 40 (04)：913-927.

间连续性较差等结论。① 《"一带一路"战略视阈下我国区域经济的协调发展》② 一文从规划、财税、金融、贸易和投资等方面对"一带一路"倡议的推进提供了相关建议。《"一带一盟"对接合作视阈下贸易便利化对出口持续时间的影响研究》③ 一文认为关税同盟效应有助于加强贸易便利化对出口持续时间的正向影响,与其他国家产生了具有特色的贸易关系。④ 对比中、日、越三方贸易关系,发现越南重要的进口市场是中国,重要的出口市场是日本。中越贸易关系处在快速上升期,未来发展空间更大,两者的贸易越来越趋同,竞争性也在增强;中日两国对越南的某些特定产业领域具有较强互补性。

共建"一带一路"促进了沿线国家和地区贸易投资自由化便利化,降低了交易成本和营商成本,释放了发展潜力,进一步提升了各国参与经济全球化的广度和深度。

"一带一路"背景下中国与其他国家贸易合作现状和前景的研究成果有很多。如中国与西亚国家,有研究者在指出中国与西亚国家贸易中的有利因素与不利因素后,就加强中国与西亚国家的贸易合

---

① 公丕萍, 宋周莺, 刘卫东. 中国与"一带一路"沿线国家贸易的商品格局 [J]. 地理科学进展, 2015, 34 (05): 571-580; 邹嘉龄, 刘春腊, 尹国庆, 等. 中国与"一带一路"沿线国家贸易格局及其经济贡献 [J]. 地理科学进展, 2015, 34 (05): 598-605; 蓝艳, 花瑞祥, 柴伊琳, 等. 中国与"一带一路"沿线国家贸易结构及对国内环境的影响分析 [J]. 环境科学研究, 2020 (07): 27-27.
② 黄剑辉, 李洪侠. "一带一路"战略视阈下我国区域经济的协调发展 [J]. 税务研究, 2015 (06): 22-30.
③ 程显宏, 李豫新, 邹宗森. "一带一盟"对接合作视阈下贸易便利化对出口持续时间的影响研究 [J]. 重庆大学学报 (社会科学版), 2021 (03): 20-25.
④ 李天国. "一带一路"框架下中日在越南的第三方市场合作——基于贸易关系的比较研究 [J]. 当代经济管理, 2020 (07): 53-56.

作提出了四点政策建议：共建"一带一路"合作伙伴关系，全面扩大与西亚的贸易经济交往；加快与西亚地区海陆交通设施的互联互通建设；深化与西亚国家的工业制成品贸易合作；加强中国与西亚国家能源贸易的合作。① "一带一路"贸易便利化对进一步提升走廊贸易便利化水平具有明显的指导作用，是这一领域的重要研究成果。报告对"一带一路"六大经济走廊及贸易便利化的研究进行了综述，提出了"一带一路"六大经济走廊贸易便利化指数构建方法，对六大经济走廊各国的数据进行了观察和筛选，最终确定了六条走廊沿线的 23 个重点国家，对他们 2013 年和 2018 年各项指标的情况进行研究和比对，提供了相关数据和排名，在这项研究的基础上，给出了政策建议。② 研究者注意到"一带一路"影响贸易的因素，《"一带一路"沿线国家直接投资的出口效应》中，研究采用 57 个沿线国家的数据，从我国直接投资对出口规模和出口结构的影响全面分析其出口效应，基于研究结论，文章提出三项政策启示：精准选择与优化投资方向；扩大对外直接投资（Outward Foreign Direct Investment，OFDI）的出口促进效应；OFDI 优化助力双循环。③

"一带一路"农业市场资源合作的研究成果有，"一带一路"为中国对外农业合作提供难得的历史机遇，有学者在分析了沿线国家的优势农业资源和市场，与沿线国家开展农业合作的现状及问题的

① 韩永辉，邹建华."一带一路"背景下的中国与西亚国家贸易合作现状和前景展望 [J]. 国际贸易，2014（08）：21-28.
② 冯一帆，张青青."一带一路"六大经济走廊贸易便利化测评报告（2013—2018）[J]. 人民论坛·学术前沿，2019（19）：64-91.
③ 鲍静海，韩小蕊. 我国对"一带一路"沿线国家直接投资的出口效应 [J]. 中国流通经济，2021，35（04）：82-92.

基础上，提出了六点政策建议：科学制定战略规划，理顺国内各方关系，加大政策支持力度，创新多双边合作模式，充分发挥金融支撑作用，切实帮助沿线国家发展农业生产。① 《"一带一路"背景下中国与巴布亚新几内亚农林综合开发利用合作探析》中以巴西北部西塞皮克省伊当西亚羽区的"中巴农林综合开发项目"为例，介绍了该项目在巴的投资环境与投资政策、森林资源与热带农作物开发利用潜力以及中巴合作开发模式等，并针对具体实施过程中的问题，提出了相应对策和建议，为今后中国企业积极参与境外投资和融入"一带一路"国际合作提供参考。② 还有研究者对"一带一路"倡议下中国企业赴俄罗斯农业投资的现状进行了分析。③

"一带一路"与中国农业出口贸易合作的研究成果，如《基于引力模型"一带一路"背景下中国与中亚五国蔬菜出口贸易潜力研究》发现了中国与中亚五国农产品的出口贸易潜力不足，需要着重挖掘。④ 《"一带一路"框架下中国与中亚五国农业产能合作路径》

① 宋双双. 在"一带一路"战略下扩大对外农业合作 [J]. 国际经济合作, 2014 (09)：63-66.

② 邹全程，冯晓川，慕晓炜，等. "一带一路"背景下中国与巴布亚新几内亚农林综合开发利用合作探析 [J]. 世界林业研究, 2020, 33 (01)：110-115.

③ 于欣. "一带一路"倡议下中国企业赴俄罗斯农业投资现状及分析 [J]. 学术交流, 2019 (11)：189.

④ 任慧. 基于引力模型"一带一路"背景下中国与中亚五国蔬菜出口贸易潜力研究 [J/OL]. 北方园艺, 2020 (05) 36-38；别诗杰，祁春节. 中国与"一带一路"国家农产品贸易的竞争性与互补性研究 [J]. 中国农业资源与区划, 2019, 40 (11)：166-173；茹蕾，姜晔，陈瑞剑. "一带一路"农业产业园区建设：趋势特点与可持续发展建议 [J]. 世界农业, 2019 (12)：21-26, 70, 133；高振，赵顺，倪卫红，等. "一带一路"沿线国家农业标准协同研究——以中国与东盟国家农机贸易为例 [J]. 科技管理研究, 2020, 40 (01)：144-149；张卫华，温雪，梁运文. "一带一路"区域价值网结构演进与国家角色地位变迁——基于43国的社会网络动态分析 [J]. 财经理论与实践, 2021, 42 (01)：133-140.

进一步探索了中国与中亚五国的农业产业合作模式，如双方需要加强农业基础设施投资合作，贸易过程中要注重品牌打造，以不断提升自身竞争力和国际影响力。① 俄罗斯是中国推进"一带一路"倡议的重要合作伙伴之一，农业是两国合作的重点领域。《"一带一路"倡议下中国企业赴俄罗斯农业投资现状及分析》② 指出中国对俄罗斯的农业投资在不断地深化，区域传统贸易正在全面转型升级。

"一带一路"具体产业合作的研究中，研究者探讨了"一带一路"倡议背景下竹藤产业的可持续发展对策，梳理了"一带一路"沿线主要国家竹藤资源分布，指出了竹藤产业发展面临的问题和挑战，就"一带一路"倡议背景下竹藤产业的转型升级与可持续发展提出了两点意见：从"资源输出"向"产品输出"转型升级；坚持在"文化包容"背景下谋求可持续发展模式。③ 还有研究者分析了"一带一路"倡议背景下我国竹藤家具的出口情况：首先分析了"一带一路"沿线国家对竹藤家具的需求；其次提出了"一带一路"

---

① 石先进."一带一路"框架下中国与中亚五国农业产能合作路径［J］.云南大学学报（社会科学版），2020，19（01）：135-144；曹冲，陈俭，夏咏."一带一路"背景下中国对中亚五国出口商品结构升级研究——基于显性比较优势、技术附加值和质量水平的分析［J］.新疆大学学报（哲学·人文社会科学版），2020，48（01）：48-56；岳晓，王会举，李向毅，等.中国各地区对"一带一路"沿线国家的农产品出口研究［J］.宏观经济研究，2019（12）：119-129；章添香.出口信用保险在"一带一路"建设中的作用与发展［J］.国际经济合作，2020（01）：117-126；汪旭晖，郭一凡."一带一路"沿线民族品牌联合策略研究——基于消费者自我一致性视角［J］.西北民族研究，2019（04）：152-161；宫月晴.中国品牌建构国家形象作用机制研究——基于"一带一路"沿线消费者深访的研究［J］.现代传播（中国传媒大学学报），2019，41（10）：131-137；才源源，周漫，何佳讯."一带一路"背景下中国品牌文化价值观运用分析［J］.社会科学，2020（01）：38-49.

② 于欣."一带一路"倡议下中国企业赴俄罗斯农业投资现状及分析［J］.学术交流，2019（11）：189.

③ 黄章黎."一带一路"背景下竹藤产业的可持续发展对策［J］.林产工业，2019，56（11）：71-73.

倡议背景下竹藤家具的出口方式；最后指出了"一带一路"倡议背景下竹藤家具出口的发展方向。① 有研究者关注到"一带一路"倡议对中国向沿线国家乳制品出口的影响，分析了乳制品出口现状和"一带一路"倡议对乳制品出口的影响，运用系统广义矩估计的双重差分模型探究"一带一路"倡议对中国向沿线国家乳制品出口的影响，给出了建议。②

"一带一路"沿线服务业与制造业的联合发展的研究成果，如《"一带一路"沿线省域生产性服务业与制造业联动融合关系辨析》认为中国与"一带一路"沿线国家合作时应该加强装备制造业的创新、投资、引资，要注重提升装备制造业产业集群创新竞争力等，以促进沿线省域两大产业高层级耦合互动发展。③

"一带一路"物流枢纽网络与基础设施相关的研究成果，如《中国与"一带一路"沿线中东欧国家物流绩效对比分析》④ 对比中国与"一带一路"沿线中东欧国家物流绩效，发现中国物流绩效存在较大问题，中国应该充分发挥占有亚洲基础设施投资银行平台和丝绸之路基金的主导优势，加快建成"一带一路"自贸区，构建自己的物流大数据信息中心，打造中东欧物流枢纽网络。此外，还应

---

① 牟光宇，刘润民．"一带一路"倡议背景下我国竹藤家具出口分析［J］．林产工业，2021，58（03）：67-69.
② 崔力航，李翠霞．"一带一路"倡议对中国向沿线国家乳制品出口的影响研究［J］．中国乳品工业，2021，49（03）：42-46.
③ 孔令夷．"一带一路"沿线省域生产性服务业与制造业联动融合关系辨析［J］．中国流通经济，2020，34（02）：36-46；王宇，韩璐，李影，等．东道国营商环境与中国"一带一路"投资分布选择［J］．内蒙古大学学报（自然科学版），2021，52（02）：214-224.
④ 陆华，汪鸣，杜志平．中国与"一带一路"沿线中东欧国家物流绩效对比分析［J］．中国流通经济，2020，34（03）：55-65.

该加强沟通体系建设，以便双方合作的顺利进行。① 国内港口运输是实现对外开放的重要门户，《中国沿边口岸的时空格局及功能模式》② 中指出，中国大部分沿边口岸对于城市发展的带动作用并不突出，产生的"过货化"现象比较明显。《"一带一路"六大经济走廊贸易便利化测评报告（2013—2018）》③ 考察了"一带一路"六大经济走廊和"一带一路"沿线国家的贸易便利化发展变化情况，从政府能力与政策环境、海关与边境管理、物流与基础设施、金融与通信等层面对提高"一带一路"贸易便利化水平政策提出了建议。高速铁路是"一带一路"建设的重要保障，齐苗苗、段晓峰《基于列车时刻表的"一带一路"节点城市高速铁路网络空间演变研究》④、杨临萍《"一带一路"背景下铁路提单与铁路运单的协同创新机制》⑤ 等研究对此做了分析讨论。

　　"一带一路"资金融通的研究成果表明，资金融通是共建"一带一路"的重要支撑。国际多边金融机构以及各类商业银行不断探索创新投融资模式，积极拓宽融资渠道，为共建"一带一路"提供稳定、透明、高质量的资金支持。有研究者对于在落实"一带一路"

① 霍忻. 认证认可制度体系与发展模式研究——基于"一带一路"沿线国家的分析 [J]. 技术经济与管理研究, 2020（02）：94-100.

② 宋周莺, 车姝韵, 王姣娥, 等. 中国沿边口岸的时空格局及功能模式 [J]. 地理科学进展, 2015, 34（05）：589-597.

③ 冯一帆, 张青青. "一带一路"六大经济走廊贸易便利化测评报告（2013—2018）[J]. 人民论坛·学术前沿, 2019（19）：64-91.

④ 齐苗苗, 段晓峰. 基于列车时刻表的"一带一路"节点城市高速铁路网络空间演变研究 [J]. 铁道标准设计, 2021, 65（04）：57-63.

⑤ 杨临萍. "一带一路"背景下铁路提单与铁路运单的协同创新机制 [J]. 中国法学, 2019（06）：66-85.

倡议中，如何发挥开发性金融作用，提出了自己的建议。① "一带一路"沿线国家基础设施投资需求巨大，但私人资本参与并不积极，如此大的资金缺口，仅仅依靠政府资金以及多边金融机构是难以弥补的。有研究者从多边金融机构、政府、经济、市场以及项目参与模式等因素出发，对私人资本参与"一带一路"沿线发展中国家基础设施项目的影响因素进行实证分析。文章提出，应重视国际金融机构的支持，充分发挥政府和社会资本合作（Public-Private Partnership，PPP）模式的优势，发挥中国式开发性金融的作用。②

"一带一路"投资相关研究结果表明，我国企业在"一带一路"沿线国家对外直接投资呈现出风险偏好特征；"一带一路"沿线的不同收入国家的国家风险对直接投资影响不同，国家风险对我国企业在高收入国家直接投资的影响较为明显，在中低收入国家则不明显。在此基础上，提出的建议是：作为"一带一路"构想的倡议者，中国企业应理性对待风险在对外直接投资中的影响，充分挖掘"一带一路"沿线国家风险表象后的巨大经济潜力，与此同时，企业也需要理性投资，提高风险防范意识和增强风险管理能力，最终实现收益的最大化。③ 这一研究对相关投资者有一定参考价值。后续有研究者对"一带一路"沿线国家政局不断变化、领导人更迭和社会动荡

---

① 蒋志刚."一带一路"建设中的金融支持主导作用［J］.国际经济合作，2014（09）：59-62.

② 王立国，王昱睿.私人资本参与"一带一路"沿线基础设施项目的影响因素分析——基于沿线41个发展中国家的实证分析［J］.投资研究，2019，38（10）：81-92.

③ 朱兰亭，杨蓉.东道国国家风险对中国在"一带一路"沿线国家直接投资的影响研究［J］.投资研究，2019，38（06）：36-46.

不安等政治风险，对于我国直接投资"一带一路"沿线国家的影响进行了实证分析，更进一步细化了我们对相关风险因素的认知。① 针对"一带一路"倡议下的中国对外投资，相关研究较为全面地总结了其存在的风险与规避策略。研究首先概括了中国企业参与"一带一路"对外投资的主要特点，然后指出中国企业参与"一带一路"对外投资的主要风险在于政治经济、法律管理、投资收益、项目运作、跨境并购、文化融合这些领域，最后给出了七项风险规避对策。②

"一带一路"中国对外直接投资的影响研究中，研究者从理论与经验证据两个维度，对"一带一路"沿线国家投资便利化对中国对外直接投资的影响进行了分析。主要结论为："沿线国家推进投资便利化建设能够显著促进中国 OFDI 增长，其中制度质量改善对中国 OFDI 的促进作用最大。异质性分析表明，亚非地区、中等收入水平、资源禀赋欠丰富、市场潜力大以及与中国投资合作信任度高的沿线国家通过推进投资便利化建设，可以更加有效促进中国跨国资本的流入。"文章最后建议："第一，加快基础设施领域投资合作，促进沿线国家投资便利化水平提升；第二，重视东道国投资软环境的影响，共同推进投资软环境的改善；第三，针对行业具体特征，合理制定对外投资政策。"③

---

① 李世杰，曹雪菲，周宁.政治风险影响我国直接投资"一带一路"国家的实证分析 [J].江淮论坛，2019（06）：127-133.
② 张原野."一带一路"倡议下的中国对外投资风险与规避策略 [J].人民论坛·学术前沿，2019（21）：100-103.
③ 杨栋旭，于津平."一带一路"沿线国家投资便利化对中国对外直接投资的影响：理论与经验证据 [J].国际经贸探索，2021，37（03）：65-80.

"一带一路"倡议下第三方市场合作对中国对外直接投资的影响也受到研究者关注,研究表明:"第一,第三方市场合作可有效促进中国企业向合作国及沿线国家的对外直接投资,表明第三方市场合作存在的必然性和合理性。第二,第三方市场合作谅解备忘录可弥补东道国的制度环境质量不足,但存在国别差异,即对中低收入或制度欠完善国家的投资促进作用高于高收入或制度较为完善的国家。原因是,对于较高收入或制度较为完善的国家,第三方市场合作谅解备忘录发挥作用的空间较小,而对于中低收入或制度欠完善国家,第三方市场合作备忘录能很好地弥补东道国的制度环境缺陷,在一定程度上促进中国对外直接投资。第三,契约合作型第三方市场合作对中国对外直接投资的促进作用更为显著。"① 也有研究者注意到"一带一路"倡议下目的国制度环境对企业投资绩效的影响:"首先,具有较大规模以及生产效率优势的企业更易于选择对沿线国家进行投资,良好的制度环境也是吸引海外企业投资的重要因素。其次,'一带一路'沿线国家的高质量制度环境对投资企业的绩效有显著的促进作用,即沿线国家良好的制度环境能够加快中国企业走出去的步伐并提升绩效水平。最后,制度环境对非国有企业投资绩效的影响高于国有企业,而区域位置对企业绩效的影响不明显。"②

考察"一带一路"倡议背景下中国企业"走出去"的投资模式,有研究者从政治、文化和制度三种因素出发,得出以下四点结

① 齐欣,唐卫红."一带一路"倡议下第三方市场合作的投资效应及模式选择 [J].亚太经济,2021(02):103-113.

② 邓轶嘉,余姗."一带一路"倡议下目的国制度环境对企业投资绩效的影响研究 [J].宏观经济研究,2021(03):52-66.

论：两国的政治距离越大，企业越倾向于选择并购的投资模式，对合资和独资没有明显的偏向；两国的文化距离越大，企业越倾向于合资的投资模式；两国的制度距离越大，若是管制导致，企业则倾向于合资的投资模式；若是规范导致，企业则倾向于选择并购的投资模式，对合资和独资没有明显的偏向；政治距离对投资模式的影响存在企业异质性，政治距离越大，非国有企业相对于国有企业越倾向于选择并购合资，并就此提出三点对策建议。① 现有研究中，有研究者以高技术壁垒、资金及技术密集型的工程机械行业为案例，讨论了"一带一路"倡议背景下工程机械行业境外融资的创新与实践，文章介绍了中联重科"走出去"进程中所运用的多种融资模式，总结其在"一带一路"沿线国家境外融资的创新与实践，为相关企业提供了有益的参考。②

"一带一路"人民币国际化，助力国际贸易发展的研究成果有，《借力人民币国际化的东风——"一带一路"战略研究》③ 指出人民币国际化在"一带一路"建设中扮演着至关重要的角色。周春应、王惜凡《人民币与"一带一路"主要国家货币的汇率联动效应——基于 DCC-MIDAS 模型的实证》④ 估算了人民币与"一带一路"沿线重要国家的汇率关联系数，发现"一带一路"倡议对人民币的区

① 张微，卜伟."一带一路"下中国企业"走出去"投资模式研究——基于政治、文化和制度距离 [J].投资研究，2019，38（09）：146-156.
② 杜毅刚."一带一路"背景下工程机械行业境外融资的创新与实践——以中联重科为例 [J].财务与会计，2019（19）：21-24.
③ 张一平.借力人民币国际化的东风——"一带一路"战略研究 [J].银行家，2015（04）：59-62.
④ 周春应，王惜凡.人民币与"一带一路"主要国家货币的汇率联动效应——基于 DCC-MIDAS 模型的实证 [J].金融理论与实践，2021（04）：36-43.

域影响力有极大的提升作用，沿线国家已经受到了人民币的一定辐射。但突如其来的新冠肺炎疫情在一定程度上削弱了人民币之前形成的影响力。王淳《"一带一路"区域人民币国际使用的边界研究——基于贸易投资领域》① 分析了人民币在"一带一路"区域贸易投资活动中受到的限制因素，主要是国际货币的选择。因此，必须适当推动人民币使用，掌握影响"一带一路"投资策略变化的要素。何娟文、李雪妃、陈俊宇《我国货币政策对"一带一路"沿线国家的溢出效应研究——基于 16 个沿线国家的实证检验》② 发现我国货币政策对"一带一路"沿线国家整体存在着溢出效应，并且其效应大小与各国对华经济往来密切程度成正相关。利用数量型货币政策来实行货币扩张时，短时间内，沿线各国的经济能得到增长，长期则转为不利影响；而利用价格型降低利率政策时则会持续推动沿线国家产出。通过划分区域，还能发现我国货币政策对亚洲国家的溢出效应成效显著。张莹莹《人民币在"一带一路"货币圈影响力分析——信息溢出效应及其作用渠道》③ 采用系统高斯混合模型（Gaussian mixture model，GMM）方法，来探究人民币汇率净溢出效应的作用渠道。发现"一带一路"建设人民币汇率问题溢出效应与在该区域的影响力成正相关。在净溢出效应的作用渠道方面，存在有利和不利两方面的因素，如"一带一路"沿线国家对中国贸易附

---

① 王淳."一带一路"区域人民币国际使用的边界研究——基于贸易投资领域 [J]. 学术研究，2019（11）：83-91.
② 何娟文，李雪妃，陈俊宇. 我国货币政策对"一带一路"沿线国家的溢出效应研究——基于 16 个沿线国家的实证检验 [J]. 金融理论与实践，2021（04）：12-19.
③ 张莹莹. 人民币在"一带一路"货币圈影响力分析——信息溢出效应及其作用渠道 [J]. 商业研究，2020（01）：74-84.

加值的依存度是有利的，而人民币汇率市场化改革、第三方市场贸易竞争、全球商品价格指数和全球风险指数对中国却是不利的。因此，应该加强中国在"一带一路"沿线的商品竞争能力，实现人民币金融市场以及人民币汇率风险管理。李富有、韦星《"一带一路"下在岸人民币无本金交割远期外汇交易（NDF）市场的发展》[①] 认为"一带一路"沿线国家普遍存在着货币汇率不稳定的风险，影响了我国对外贸易投资的稳定发展。因此有必要掌握"一带一路"沿线国家与我国经济合作中的汇率问题和人民币无本金交割远期外汇交易（Non-deliverable Forwards，NDF）发展现状，并借鉴相关国家的经验教训，在市场准入、交易模式、干预和监管等方面，进行积极稳定的制度建设。相关研究还有姜超、兰宜生的《中国及"一带一路"沿线主要国家进口贸易与创新研发关系研究》[②]，李学武的《"一带一路"中落实本币优先实践》[③] 等。

汇率是国际贸易中重要的调节杠杆，研究"一带一路"倡议背景下人民币汇率变动对中国对外贸易的非对称影响，对于充分认识人民币汇率在对外贸易中的作用有着重要参考价值。有研究者选择1993 年第 1 季度至 2017 年第 4 季度中国与"一带一路"沿线 21 个主要贸易伙伴作为研究样本，来实证检验人民币汇率发生变动后与贸易伙伴双边贸易的动态和长期变化关系，给出了三点政策建议："首先，要警惕人民币相对于'一带一路'沿线主要贸易伙伴的货

① 李富有，韦星."一带一路"下在岸人民币 NDF 市场的发展［J］. 甘肃社会科学，2021（01）：130-137.
② 姜超，兰宜生. 中国及"一带一路"沿线主要国家进口贸易与创新研发关系研究［J］. 科技进步与对策，2019，36（24）：27-36.
③ 李学武."一带一路"中落实本币优先实践［J］. 中国金融，2019（21）：85-87.

币大幅升值对贸易造成的负面影响；其次，要防止人民币汇率剧烈波动对我国出口贸易的影响；最后，应加快推进人民币国际化。"①

有研究总结了陕西在"一带一路"建设中落实本币优先的实践经验，分析了在"一带一路"建设中落实"本币优先"的机遇与挑战，对在"一带一路"建设中落实"本币优先"提出了四点思考："确立以'一带一路'为落实本币优先的重点方向；明确从国家战略和国家部委两个层面引领推动本币优先；依托中资银行海外分支机构、中资企业、人民币跨境支付系统（CIPS）参加行三类主角践行本币优先；落实大宗商品计价结算、国内金融市场开放、人民币离岸市场和境外经贸园区建设四位一体的本币优先重点领域。"②

"一带一路"倡议为人民币国际化提供了有利的市场条件，有学者选取"一带一路"沿线22个主要国家货币汇率的数据，通过DCC-MIDAS模型对货币短期与长期的动态相关系数进行估计，从分析人民币与沿线国家货币的汇率联动效应出发，揭示现阶段人民币在"一带一路"沿线区域内的影响力与关联因素，根据研究结论，文章给出了三点相关政策建议。③ 更进一步，有研究者关注到我国货币政策对"一带一路"沿线国家的溢出效应，以16个沿线国家的实证为检验，结果表明："第一，我国采取宽松货币政策会对'一带一路'沿线国家产出产生显著的正向溢出效应，有效带动沿线各国经济发展，但不同货币政策工具的溢出效应有所差异；第二，沿线各

① 潘慧，崔冉，温雪."一带一路"背景下人民币汇率变动对中国对外贸易的非对称影响研究 [J]. 山东大学学报（哲学社会科学版），2019（06）：77-85.
② 李学武."一带一路"中落实本币优先实践 [J]. 中国金融，2019（21）：85-87.
③ 周春应，王惜凡. 人民币与"一带一路"主要国家货币的汇率联动效应——基于DCC-MIDAS模型的实证 [J]. 金融理论与实践，2021（04）：36-43.

国的差异性对我国货币政策的溢出效应有所影响。"①

企业"走出去"与"引进来"同步进行。创新企业管理，发展创新合作形式，切实贯彻"新全球化"以及"人类命运共同体理念"，实现国际化合作。② 申远《新全球化视角下我国企业产业共生模式与绩效研究——基于"一带一路"江苏企业资源整合模式》③一文提出"一带一路"建设所体现的"互联互通、文明融合"是"新全球化"理念，它帮助我国企业探索如何"走出去""走进去"并持续地"走下去"的中国特色新模式和新路径。

三、"一带一路"文化建设是学者研究的关注重点

"一带一路"文化建设是学者研究的关注重点，体现在文化政策扶持、电影宣传、纪录片跨文化传播、出版业走出去、宗教文化交流、汉语同声传译几方面。

---

① 何娟文，李雪妃，陈俊宇. 我国货币政策对"一带一路"沿线国家的溢出效应研究——基于 16 个沿线国家的实证检验 [J]. 金融理论与实践，2021 (04)：12-19.

② 仇娟东，黄海楠，赵军. "一带一路"沿线国家 PPP 项目发起政府级别如何影响私人部门的投资额："差序信任"还是"贴近市场"？[J]. 财政研究，2020 (01)：96-112；刘进，潘梦婷，姚振玖. "一带一路"倡议下企业战略差异与投资效率研究——基于沪深 A 股上市公司的经验证据 [J]. 会计之友，2021 (04)：18-24；李涛，陈海峰，刘灼. "一带一路"倡议下企业融资效应研究 [J]. 会计之友，2021 (04)：30-36；徐娜，于晓桃. "一带一路"下中国企业创新绩效提升路径研究——基于新建投资的分析 [J]. 会计之友，2021 (04)：12-17；曹越，刘泽惠，白玉. "一带一路"倡议实施与企业金融化决策 [J]. 财经理论与实践，2021，42 (01)：70-78；陈继萍，徐蒙蒙. "一带一路"倡议对我国企业管理创新的溢出效应——基于准自然实验的经验检验 [J]. 商业经济研究，2021 (02)：94-98；周青，吴童祯，杨伟，等. 面向"一带一路"企业技术标准联盟的驱动因素与作用机制研究——基于文本挖掘和程序化扎根理论融合方法 [J]. 南开管理评论，2021，24 (03)：150-161.

③ 申远. 新全球化视角下我国企业产业共生模式与绩效研究——基于"一带一路"江苏企业资源整合模式 [J]. 学海，2019 (06)：100-105.

"一带一路"倡议提出之后不久，有研究者即提出建设"一带一路"时应"坚持文化先行"。① 文章指出，文化的影响力超越时空，跨越国界。文化交流是民心工程、未来工程，潜移默化、润物无声，要积极发挥文化的桥梁和引领作用。为此提出三方面的建议：加强顶层设计和战略部署，推动政府间文化交流与合作深入发展；发挥现有丝路品牌工作成果优势，精心打造新的文化交流品牌；整合各方面资源，形成建设"一带一路"的合力。有研究者对"一带一路"文化共同体的生成逻辑进行了探析，"一带一路"文化共同体的生成有助于"一带一路"沿线各国加快政治互信、经济融合的步伐，从而推进构建人类命运共同体。②

电影作为文化的载体，在宣传上具有重要的作用。有研究者对"一带一路"倡议背景下俄罗斯电影在中国的影院传播进行了研究，总结了俄罗斯电影在中国的新型传播方式，并对俄罗斯电影在中国的传播效果进行了分析。研究认为，俄罗斯电影在中国的整体传播效果不佳，传播的广度和强度都亟待加强。③ 影视文化要"引进来"，更需要"走出去"，对于"一带一路"倡议背景下中国影视文化的传承与传播，有研究指出，在影视数量和票房之外，内容和文化才是关键。西方电影中展现出了大量中国元素和文化，可见中国文化的传播大有可为。因此中国影视想要成功，还在于中国文化的支撑。想要把中国文化更好地传播出去，在提升影视质量的同时，

---

① 蔡武. 坚持文化先行 建设"一带一路"[J]. 求是, 2014（09）：44-46.
② 徐琴, 孙绍勇. "一带一路"文化共同体的生成逻辑探析 [J]. 广西社会科学, 2019（11）：141-144.
③ 吕丽. 美美与共："一带一路"俄罗斯电影的中国传播之路 [J]. 电影评介, 2019（18）：47-50.

还应完善营销策略。① 电影是国家形象在国际传播中的重要载体，有研究者关注到"一带一路"倡议背景下中国电影如何重塑现代国家形象的问题，首先是在"一带一路"倡议背景下中国电影展现国家软实力；其次是"一带一路"倡议背景下中国电影展现国家硬实力；最后是中国电影应加强国际合作，提高国际认同，传播现代国家形象。②

话语权的积极营建可以帮助中国在国际上发挥更大的作用。沈悦、尚修桥《"一带一路"纪实影像的跨文化探析》③ 中指出，"一带一路"纪录片的话语内涵是深化改革开放和国家对外传播的代表之一。"一带一路"纪录片应该塑造国家形象，纪录片的形式则应该从单一走向多样，从独唱变为合奏，实现国家形象的跨文化柔性传播。王吟颖、张爱玲《"一带一路"框架下的同声传译接力语研究》④ 一文指出，语言战略支持是"一带一路"倡议的重要组成部分。会议口译服务及口译人才培养是为语言服务的重要内容，需要加快将汉语建设为同声传译的接力语的步伐。薛丽《"一带一路"

---

① 陆琼."一带一路"背景下中国影视文化的传承与传播研究 [J].电影评介，2019 (18)：61-63.

② 刘磊."一带一路"格局下中国电影重塑现代国家形象 [J].新闻爱好者，2021 (03)：76-78.

③ 沈悦，尚修桥."一带一路"纪实影像的跨文化探析 [J].电影文学，2021 (08)：43-48；张步中，季思岑."一带一路"主题纪录片《共筑未来》的大国形象塑造 [J].电视研究，2019 (10)：80-82；牛慧清，王滋.跨文化传播视域下"一带一路"题材纪录片的创作路径探寻 [J].当代电视，2020 (12)：84-87.

④ 王吟颖，张爱玲."一带一路"框架下的同声传译接力语研究 [J].外国语（上海外国语大学学报），2019，42 (06)：51-59.

建设面临的话语困境及应对策略》① 中指出，"地缘扩张论""重塑国际秩序论"等负面论调给"一带一路"建设制造了话语困境。具体表现特征有二元对立、利益驱动、身份焦虑等。面对此种困境，中国应该寻找负面论调背后的政治、文化因素，精准应对；加强"一带一路"话语体系建设，营造良好的舆论氛围。

出版事业走向海外是传播中华文化，加强同"一带一路"沿线国家民意相通的重要方式。有研究以中国当代文学走出去为例，探讨了"一带一路"出版机制创新的问题，中国出版业在海外出版领域的各种有益尝试，与"一带一路"沿线国家在出版领域的交流合作，都是加快推动中国当代文学"走出去"、实现民心相通的人文基础。文章从三个维度探索中国当代文学海外出版遭遇的困境及应对策略，据以构建新的海外出版机制，为中国当代文学海外出版的政策制定、为中国当代文学的海外译本传播积极的中国形象提供学理支撑。② 有研究者以云南教育出版社澜湄合作系列出版物为例，总结了"一带一路"背景下主题出版"走出去"的实践与思考。③

张二平在《打造丝绸之路宗教交流黄金通道》④ 中谈到，中国支持与不同宗教对话，鼓励加强和各国进行文化交流，同时大力支持民间交往。卓新平、刘金光、方光华等的《对话宗教与"一带一

---

① 薛丽. "一带一路"建设面临的话语困境及应对策略 [J]. 当代世界，2021（04）：74-79.

② 孙宜学，摆贵勤. 中国当代文学走出去与"一带一路"出版机制创新 [J]. 编辑学刊，2019（06）：20-25.

③ 陈朝华，杨峻，杨雪. "一带一路"背景下主题出版"走出去"的实践与思考——以云南教育出版社澜湄合作系列出版物为例 [J]. 中国编辑，2021（04）：35-38.

④ 张二平. 打造丝绸之路宗教交流黄金通道 [J]. 中国宗教，2015（03）：14-15.

路"战略》①和纳文汇的《"一带一路"建设和重构新南方丝绸之路
语境中的宗教文化建设与调适》②指出，包括宗教文化在内的民族
文化建设是"一带一路"建设和重构新南方丝绸之路的重要内容和
必要保证。因此，一方面，要进一步加强宗教文化建设，积极引导
宗教与社会主义相适应，充分发挥宗教在经济社会发展中的积极作
用；另一方面，宗教和宗教文化要自我调适，主动适应时代和社会
需要，为"一带一路"建设和重构新南方丝绸之路服务。

四、"一带一路"旅游相关研究

中国加强文化输出，创新文化创作形式，扩大文化宣传作用，
需充分发掘"一带一路"沿线国家旅游资源，打造国际知名名牌，
规范行业秩序，以便实现资源利用最大化，更好地创造经济价值。

《"一带一路"背景下丝路题材影视剧的发展现状与策略》等文
章中指出，目前有关丝路题材的影视剧素材单一，文化创作匮乏，
相关的文化产品亦不见培植，丝路承载着丰富的中外交流历史文化，
应该大力挖掘丝路历史元素作为影视作品中文化素材，创造好的作
品。③《"一带一路"背景下中国艺术类非物质文化遗产知识产权数
据库构建思考》发现，目前对中国艺术类非物质文化遗产知识产权

① 卓新平，刘金光，方光华，等．对话宗教与"一带一路"战略［J］．世界宗教文化，
2015（02）：56-62．
② 纳文汇．"一带一路"建设和重构新南方丝绸之路语境中的宗教文化建设与调适
［J］．云南社会科学，2015（03）：135-141．
③ 周轩，刘书亮．"一带一路"背景下丝路题材影视剧的发展现状与策略［J］．中国电
视，2020（01）：49-52；张桂红，陈健．"一带一路"视域下中国当代艺术创作问
题刍议［J］．美术，2019（10）：144-145；侯光明，李晓昀．"一带一路"视域下的
中国西部电影价值传承与影像表达［J］．北京电影学院学报，2021（01）：103-110．

数据库的关注较少，相关体系未建立，其构建迫在眉睫。① 梁君、汪慧敏、江畅在《中国文化产品在"一带一路"沿线国家的文化折扣效应》② 中进一步分析发现，中国文化产品的竞争力不足，在"一带一路"沿线国家的文化折扣效应有减弱的趋势，提出需要增强相互间的文化认知，以及优化出口产品结构等相关建议。王佳莹、张辉《"一带一路"沿线国家旅游竞争潜力评价与竞争力研究》③ 指出，旅游竞争潜力对旅游竞争效力具有正向促进作用，因此要提高国家旅游竞争潜力。王桀、张琴悦《"一带一路"对中国边境旅游经济空间的影响研究》④ 认为，我国要避免采取"一刀切"的方式来制定边境旅游的发展政策，依据不同地区的特点和需要来制定相应的政策。发展政策要充分考虑邻国经济特点、本地经济基础的差异化特征等。三个边境区域各有其侧重点，东北边境应该优先当地的经济发展；西北边境主要侧重通道建设；西南边境则着重"跨境旅游合作区"。

---

① 陈玉茜. "一带一路"背景下中国艺术类非物质文化遗产知识产权数据库构建思考 [J]. 四川戏剧, 2019 (12): 50-54; 张建, 李源, 梁勤超. "一带一路"背景下中国武术跨文化传播论析 [J]. 体育文化导刊, 2019 (12): 1-6; 杨睿宇, 马箫. 跨界新融合: "一带一路"背景下盐文化的多元传播模式 [J]. 盐业史研究, 2019 (04): 75-80; 林升栋, 杨祎纯, JULIA TAN YIN YIN. "一带一路"背景下"中国元素"广告的说服路径 [J]. 厦门大学学报（哲学社会科学版）, 2020 (01): 82-93; 黎学锐. "一带一路"背景下山水实景演出 IP 的海外传播 [J]. 出版广角, 2019 (24): 88-90.
② 梁君, 汪慧敏, 江畅. 中国文化产品在"一带一路"沿线国家的文化折扣效应 [J]. 社会科学, 2020 (01): 29-37.
③ 王佳莹, 张辉. "一带一路"沿线国家旅游竞争潜力评价与竞争力研究 [J]. 青海社会科学, 2019 (06): 62-68, 77.
④ 王桀, 张琴悦. "一带一路"倡议对中国边境旅游经济空间的影响研究 [J]. 资源开发与市场, 2021, 37 (06): 761-768.

五、"一带一路"教育相关研究

教育实践步履不停，国家智库持续发力。在相关的研究中，不少研究立足于"一带一路"对于国内教育的影响。

有研究者就"一带一路"与云南高等教育发展的战略选择进行了探索，提出云南高等教育理应坚持走开放型高等教育发展道路，采用"集中发展+同心化+复合多样化"战略，统筹推进"区域性高水平大学建设、国门大学振兴行动计划、应用技术大学转型升级"的多元并举策略，通过人才培养模式的创新和高等教育竞争力的综合提升，切实增强云南高等教育服务区域经济社会发展的能力。

再有就某些具体专业发展进行探讨的研究，如有研究者就"一带一路"背景下新疆南疆高校生物类专业应用、创新型人才的培养模式进行了探索。[①] 有研究者对"一带一路"背景下民族预科跨文化英语教学进行了探析。[②] 有研究者对"一带一路"背景下我国工程教育"走出去"的场景与路径进行了研究，文章对工程教育与标准化的研究与实践进行了概述，描述了"一带一路"背景下工程教育发展的新场景，提出了教育标准视角下工程教育"走出去"的新路径。[③]

职业教育国际合作也是"一带一路"教育合作的重要内容，有研究者对"一带一路"沿线国家职业教育国际合作网络进行了研究，以社会网络分析研究法揭示了"一带一路"场域内中国与沿线国家

---

① 王建明，李艳宾，罗晓霞."一带一路"背景下新疆南疆高校生物类专业应用、创新型人才培养模式的探索 [J]. 中国教育学刊，2015（S2）：63-64.

② 刘莉."一带一路"背景下民族预科跨文化英语教学探析 [J]. 黑龙江民族丛刊，2019（04）：158-161.

③ 余晓，卢宏宇，宋明顺，孙卫红."一带一路"背景下我国工程教育"走出去"的场景与路径研究：教育标准的视角 [J]. 高教探索，2021（04）：18-23.

职业教育合作网络的综合特征,分析相关国家在合作网络中的位置漂移动向,以及网络结构内部小团体组合的演变表征,在此基础上从权力合作、制度合作、文化合作和能力合作"四维"角度提出未来合作优化建议。① 还有研究者对"一带一路"视域下中国—东盟职业教育合作的问题表征与推进策略进行了探索,研究总结了中国—东盟职业教育合作的问题表征,对影响中国—东盟职业教育合作的原因加以剖析,最后提出了中国—东盟职业教育合作的推进策略。②

"一带一路"人才培养模式的相关研究有,《面向"一带一路"的工程教育国际化新体系研究与实践》等文章指出,应该加快对工程人才教育体系的改革创新,构建工程教育国际化新体系,培养工程专业人才,奠定技术基础。③ 张海燕、郑亚莉《"一带一路"倡议

---

① 肖凤翔,殷航,安培."一带一路"沿线国家职业教育国际合作网络研究 [J].职业技术教育,2019,40(30):62-67.

② 张秋凤,杨满福."一带一路"视域下中国—东盟职业教育合作的问题表征与推进策略 [J].教育与职业,2021(07):12-18.

③ 李刚,孙丽莎,阎军,等.面向"一带一路"的工程教育国际化新体系研究与实践 [J].力学与实践,2020,42(04):470-474;蒋洪新,杨安."一带一路"倡议与中国外语教育改革 [J].外语教学,2020,41(01):1-2;宋佳,刘宝存.扎实推进"一带一路"教育开放 [J].教育研究,2019,40(12):131-134;靖东阁."一带一路"倡议下地方大学定位调整、面临困境与推进策略 [J].当代教育科学,2020(02):47-51;朱以财,刘志民."一带一路"高等教育共同体话语权:现状评析与提升路径 [J].现代大学教育,2020(01):86-94;易魁.论"一带一路"倡议下高职院校的国际化发展 [J].职教论坛,2019(12):138-142;肖凤翔,殷航,安培."一带一路"沿线国家职业教育国际合作网络研究 [J].职业技术教育,2019,40(30):62-67;刘鹏."一带一路"背景下水产养殖人才英语能力的培育与应用——评《水产养殖专业英语》[J].中国饲料,2020(22):150-151;格萨茹拉."一带一路"建设背景下的国际教育探究——评《智力丝绸之路:"一带一路"沿线的大学合作》[J].中国教育学刊,2019(12):132;北京大学经济学院"一带一路"研究重要成果 [J].学习与探索,2019(11):197;王忠昌,李晓娟."一带一路"背景下中国—东盟职业教育校企共同体建构 [J].职业技术教育,2020,41(34):68-73;邵彦."一带一路"背景下高职院校"走出去":主动与被动?——基于推拉理论模型视角 [J].职业技术教育,2020,41(34):74-79.

与高职国际化应用人才培养模式创新——以"专业+语言+国别"模式为例》等文章提出"专业+语言+国别"国际化应用人才培养的新模式，从"精专业""懂外语""融文化"三方面确立改革的具体措施，探索提升高职院校学生国际化能力的人才培养模式，加强"一带一路"教育合作。①《"一带一路"背景下高校本科俄语专业教学面临的困境与解决路径——以吉林省高校为例》等文中指出，"民心相通"是实现"一带一路"建设的关键，而"民心相通"的重点则是多元化人才，因此需要从特色课程及优质教材建设、教师发展、人才培养模式、学生综合能力提升等诸多路径加以培养扶植。②

六、"一带一路"能源相关研究

中国与"一带一路"沿线国家之间的能源建设是不可忽视的重要议题，有研究者分析了中国与"一带一路"沿线国家跨国能源合

---

① 张海燕，郑亚莉."一带一路"倡议与高职国际化应用人才培养模式创新——以"专业+语言+国别"模式为例 [J]. 中国高教研究，2019（12）：72-75；亢升，王庆林."一带一路"建设与海外华侨华人资源开发审思 [J]. 广西社会科学，2020（11）：56-61；朱军，马珏，孟宇. 学科融合背景下综合实践活动课程的设计与实施——以北京市中关村中学"一带一路"课程开发为例 [J]. 基础教育课程，2019（11）：20-26；宋词，吕勇，金雪英，等."一带一路"背景下新工科专业课程的"文理融合"育人模式研究 [J/OL]. 包装工程，2019（S1）：173-178；王传奇，李刚."一带一路"智库调研 [J]. 图书馆论坛，2018（04）：1-7；司莉，刘莉. 我国"一带一路"专题数据库服务功能优化策略 [J/OL]. 图书馆论坛，2021-4-18；"一带一路"大战略专题数据库上线 社科文献出版社助力"一带一路"战略研究 [J]. 经济研究，2015，50（05）：194；陈朝华，杨峻，杨雪."一带一路"背景下主题出版"走出去"的实践与思考——以云南教育出版社澜湄合作系列出版物为例 [J]. 中国编辑，2021（04）：35-38；吴绮云."一带一路"图书馆联盟信息资源建设与服务提升研究 [J]. 图书馆工作与研究，2019（12）：17-21.
② 卢春月."一带一路"背景下高校本科俄语专业教学面临的困境与解决路径——以吉林省高校为例 [J]. 中国俄语教学，2019，38（04）：77-83；朱军，马珏，孟宇. 学科融合背景下综合实践活动课程的设计与实施——以北京市中关村中学"一带一路"课程开发为例 [J]. 基础教育课程，2019（11）：20-26.

作的可能性。

研究发现,"中国与'一带一路'沿线国家跨国科学研究合作存在多种路径,研发资金、研究人员等资源投入因素,营商环境、政府廉洁程度和双边关系等制度环境因素都是影响科学家跨国科学研究合作的重要因素,五种因素相互耦合,共同构成跨国科学研究合作的实现路径。"

能源合作是"一带一路"建设不可忽视的重要命题。吴璘、王雷、朱吉茂、李瑞峰《"一带一路"国家煤炭清洁开发利用合作战略研究》① 指出,中国与"一带一路"沿线国家在煤炭清洁开发利用领域具有广泛的合作空间,双方可以就技术装备交流升级、煤炭贸易等领域展开合作。《"一带一路"倡议背景下全球能源治理体系变革与中国作用》② 指出,中国应推动共建"一带一路"能源合作俱乐部,积极为全球能源治理体系提供更多的公共产品。

能源作为国际合作的重点领域,在"一带一路"建设中占据重要地位。有研究者提出"一带一路"能源共生合作,文章首先论证了共生理论及其在国际能源合作中的适应性,对"一带一路"能源共生合作系统进行了构建,指出了"一带一路"能源共生单元间的合作基础,最后给出了"一带一路"能源共生合作推进策略。③

有研究者认为中国与中东能源的合作为"一带一路"倡议的支

---

① 吴璘,王雷,朱吉茂,等."一带一路"国家煤炭清洁开发利用合作战略研究 [J].煤炭工程,2020,52(01):8-12.
② 杨泽伟."一带一路"倡议背景下全球能源治理体系变革与中国作用 [J].武大国际法评论,2021(02):26-44.
③ 余晓钟,罗霞."一带一路"能源共生合作:框架分析与推进路径 [J].甘肃社会科学,2021(02):198-206.

点，就中东能源合作面临的困难及其对策提出了几点意见。① 此外，还有研究者对"一带一路"背景下中亚油气合作的前景进行了预测，并给出了相关建议。② 有研究者注意到大国博弈对"一带一路"能源合作的影响，并就中美、中俄、中印在能源合作方面可以继续加深的领域和应注意协调的关系提出了一些建议。③ 有研究者对"一带一路"沿线地区主要油气管道进行了盘点，为后续合作发展提供了数据支持。④

分析"一带一路"沿线水电发展状况及潜力，对推进沿线国家能源合作、共同打造人类命运共同体具有重要意义。有研究者基于大量数据与资料，通过对六个区域进行分析，总结了"一带一路"沿线水电资源量与开发程度的时空分布特征。对沿线国家水电发展提出相应的建议，指出未来"一带一路"能源建设应适应不同国家的具体情况，加强交流、创新与合作。⑤

《中国与"一带一路"沿线国家产能合作的耦合效应研究》⑥ 认为"'一带一路'倡议对产能贸易和投资的互补竞争具有显著的正向作用，且随着产能贸易和投资竞合联系逐步加深"，并提出了相应建

① 潜旭明."一带一路"战略的支点：中国与中东能源合作 [J]. 阿拉伯世界研究，2014（03）：44-57.
② 王震，董宣."一带一路"背景下中亚油气合作的前景及建议 [J]. 油气储运，2020，39（01）：9-15.
③ 杨晨曦."一带一路"区域能源合作中的大国因素及应对策略! [J]. 新视野，2014（04）：124-128.
④ 苗淼，张立勤，孙喜爱."一带一路"沿线地区主要油气管道盘点 [J]. 地质论评，2015，61（S1）：937-938.
⑤ 古玉，彭定志，赵珂珂，等."一带一路"沿线国家水电发展状况与潜力 [J]. 水力发电学报，2020，39（03）：11-21.
⑥ 韩永辉，韦东明，黄亮雄.中国与"一带一路"沿线国家产能合作的耦合效应研究 [J]. 国际贸易问题，2021（04）：143-158.

议，如进行制度设计优化、加快完善产能合作、积极参与"一带一路"沿线国家自由贸易共建实现"一带一路"沿线国家互联互通等。

七、"一带一路"健康和卫生相关研究

卫生与健康问题受到各国持续关注。"健康丝绸之路"是"一带一路"倡议的重要组成部分，建设的前提是深入了解沿线各国的健康与公共卫生服务状况。

有学者对"一带一路"国家的公共卫生与卫生服务现况进行了研究，讨论了不同区域公共卫生、卫生服务状况及相关影响因素。《"一带一路"国家公共卫生与卫生服务现况》[①] 的研究结果表明，在沿线国家中，东南亚和南亚地区的整体健康水平较差，卫生可及性低，气候和文化是影响健康的不利因素；中亚国家处于中等偏下水平，暴恐事件威胁国民的生命健康；西亚、北非地区处于中等水平；中东欧地区和独联体国家整体健康水平较高，但老龄化趋势显著，慢性非传染性疾病成为威胁健康的首要因素。中国需要与沿线国家建立"人类健康命运共同体"，一方面能够提升中国在全球卫生治理中的话语权，另一方面也便于促进中国相关卫生医疗经验的对外传播和交流。

八、"一带一路"环境保护与可持续发展研究

对于环境保护与可持续发展问题，有研究者提出"一带一路"沿线绿色经济共同体的理念，文章首先对"一带一路"沿线绿色经

---

① 邱增辉，蒋祎，刘娅莉，等."一带一路"国家公共卫生与卫生服务现况 [J]. 中国公共卫生，2020，36（12）：1755-1758.

济共同体的内涵加以说明，认为"一带一路"沿线绿色经济共同体是一种为了沿线各国各地区人民整体利益、能实现经济效益与生态效益统一的可持续发展共同体；指出"一带一路"沿线绿色经济共同体的特征是经济效益与生态效益的统一、竞争与合作的统一；论证了"一带一路"沿线绿色经济共同体构建的现实逻辑，揭示出绿色经济共同体构建的困境；提出了"一带一路"沿线绿色经济共同体构建的实践路径。①

《"一带一路"沿线省份绿色经济效率时空差异研究》② 中指出，"一带一路"沿线各省的绿色经济效率差异较大，整体呈波动变化。其绿色经济效率按照效率划分，可以划分为高效率型、稳定型、发展型、低效率型四种类型。应该针对不同类型的绿色经济效率投入成本加以建设。《〈资本论〉生态思想与绿色"一带一路"》③ 一文提出在《资本论》理论下，来构建"一大理念，两大支撑，三大行动"的绿色"一带一路"，符合生态思想。《基于我国境内丝绸之路经济带荒漠化形势的防治对策初探》等文提出了建设"三线、五屏、百区、千点"的丝绸之路经济带生态安全体系，较之前的生态体系建设更为全面、科学。④

---

① 陈健．"一带一路"沿线绿色经济共同体构建研究［J］．经济体制改革，2021（02）：56-61.
② 周杰文，赵月，杨阳．"一带一路"沿线省份绿色经济效率时空差异研究［J］．统计与决策，2020，36（22）：100-103.
③ 苏畅．《资本论》生态思想与绿色"一带一路"［J］．人民论坛·学术前沿，2019（19）：116-119.
④ 周欢水，王翠萍，张德平，等．基于我国境内丝绸之路经济带荒漠化形势的防治对策初探［J］．干旱区资源与环境，2020，34（02）：182-186；於维樱，吴西顺，张翼，等．"一带一路"海洋地质学研究态势分析［J］．海洋地质前沿，2019，35（12）：1-13；齐亚杰，严中伟，钱诚．概率密度分布法在"一带一路"地区极端月气温评估和预估中的应用［J］．气候变化研究进展，2021，17（02）：151-161.

第二节 "一带一路"倡议影响及
社会意义的相关研究

"一带一路"倡议推动了中国经济发展与国家合作，并影响了全球格局发展。以"互联互通"为内容的"一带一路"建设将助推中国实现与其他国家和平发展的愿望前景；推动中国形成新的开放格局，更好地实现中国梦；促进中国外交思想的重大创新，帮助中国建立以合作共赢为核心的新型国际关系；为经济制度注入新的活力，提升中国产业创新能力，加快产业结构升级。

研究者认为"一带一路"适应了国际新形势，推动了中国经济发展与国际合作。申现杰、肖金成《国际区域经济合作新形势与我国"一带一路"合作战略》等文章指出，国际区域经济合作面临新形势，"一带一路"倡议能够帮助中国在国际区域合作中发挥更大的作用，对于提升中国经济的质量也具有重要意义。①

"一带一路"倡议影响全球经济发展格局走向。对此，卢锋《"一带一路"战略改变全球经济格局》② 一文引用多位学者观点进

---

① 申现杰，肖金成. 国际区域经济合作新形势与我国"一带一路"合作战略 [J]. 宏观经济研究，2014（11）：30-38；何天时. 地缘经济视野下的中国"一带一路"战略构想 [J]. 理论学习，2015（01）：27-29；毛艳华."一带一路"对全球经济治理的价值与贡献 [J]. 人民论坛，2015（09）：31-33；马静，刘树成.2015为经济增速适度回升积蓄力量——访全国政协委员、中国社会科学院学部委员刘树成 [J]. 人民论坛，2015（12）：60-63.

② 卢锋."一带一路"战略改变全球经济格局 [J]. 河南社会科学，2015，23（05）：10-11.

行了阐发,认为"一带一路"将对全球治理产生积极意义。林毅夫教授提出,中国经济仍然存在较大的增长潜力,因此必须保持创新。姚洋教授认为,目前最主要的问题就是抓住可能的新科技革命的机会,推动中国制造业跻身世界前列。周其仁教授提出,面对经济下行的压力,必出大力发展创新。魏加宁教授提出,改革是实现经济长期增长的正确道路。王小鲁教授进一步解释中国经济结构失衡是经济下行的主要原因。《"一带一路"倡议与中国沿海开放发展新战略》① 一文中指出,通过建设自由贸易试验区、自由贸易港以及粤港澳大湾区,推动长江三角洲一体化发展等。

"一带一路"建设助推中国实现与其他国家和平发展的愿望。吴敬东《"一带一路":引领中欧共筑梦》② 认为中欧是世界上两个重要的经济体,双方合作具有"洲际效应"。"一带一路"倡议构想的稳步推进,在深化中欧经济合作、加强人文交流、共同维护地区稳定等方面提供了坚强的后盾。通过"一带一路"建设,中欧双方成功地联系在一起。为开辟新的对外贸易合作提供新方向。段铸晟《"一带一路"战略视角下的中国—埃及经贸合作研究》③ 为中国西线开放和亚欧非合作指明了方向,特别是中埃经贸合作具有很大的潜力。董晔、师心琪《"一带一路"背景下巴基斯坦投资环境及区位选择》④ 一文中表明,"一带一路"倡议以及中巴经济走廊建设为

---

① 全毅,高军行."一带一路"倡议与中国沿海开放发展新战略 [J]. 福建论坛(人文社会科学版),2019 (12):106-114.

② 吴敬东."一带一路":引领中欧共筑梦 [J]. 党建,2014 (12):61-63.

③ 段铸晟."一带一路"战略视角下的中国—埃及经贸合作研究 [J]. 经济问题探索,2015 (06):92-96.

④ 董晔,师心琪."一带一路"背景下巴基斯坦投资环境及区位选择 [J]. 热带地理,2019,39 (06):901-910.

中国同巴基斯坦的经济贸易合作带来机遇,中国企业在巴基斯坦的投资空间呈逐渐扩大的趋势。

邵峰《互联互通战略与东亚区域一体化的推进》① 指出,推动区域合作、逐渐走向区域经济一体化是 21 世纪实现持久和平与发展的必由之路,而这已经成为东亚一体化国家的共识,因此"互联互通"战略必将成为推动东亚一体化的现实路径和强劲动力。

《2014 年中国金融十件大事》《共建"一带一路"战略 开创我国全方位对外开放新格局》等研究表明,2014 年金融十件大事中,最引人注目的便是"一带一路"建设,"一带一路"建设将促进我国形成海陆统筹、东西互济、面向全球的开放新格局。②

促进中国外交思想的重大创新,帮助中国建立以合作共赢为核心的新型国际关系方面,相关著述有崔景明、王建的《"一带一路"外交战略简析》,黄益平的《中国经济外交新战略下的"一带一路"》,杨煌的《超越"国强必霸"的老路——中国特色大国外交的创新及其意义》,王晨光的《中国的伙伴关系外交与"一带一路"建设》。

为经济制度注入新的活力,提升中国产业创新能力。曹虹剑《"一带一路"倡议提升了中国先进制造业的创新能力吗?》分析指出,"一带一路"倡议通过政府补贴、对外直接投资两个渠道提升了

---

① 邵峰. 互联互通战略与东亚区域一体化的推进 [J]. 人民论坛,2014 (34):11-15.
② 本刊编辑部. 2014 年中国金融十件大事 [J]. 中国金融,2015 (01):36-37;叶尔肯·吾扎提,王成龙. "一带一路"战略对中国国土开发空间格局的影响 [J]. 地理科学进展,2015,34 (05):545-553;陈文玲. 打造全方位对外开放新格局 [J]. 求是,2015 (10):26-27;本刊评论员. 共建"一带一路"战略 开创我国全方位对外开放新格局 [J]. 求是,2015 (05):3-4.

中国先进制造业的创新能力，为中国制造业的转型升级打下了坚实的基础。

加快产业结构升级。傅京燕、程芳芳《"一带一路"倡议对中国沿线省份产业结构升级的影响研究》① 对"一带一路"倡议下的产业结构升级效应进行了量化评估，研究发现在"一带一路"影响下，产业结构变化升级显著。并提出了相应的政策建议，如坚持国内国际双循环新格局，学会利用"一带一路"平台，组合地区资源优势，开拓多种渠道以实现产业结构升级等。

第三节 "一带一路"建设面临的挑战与反思

"一带一路"建设面临多重挑战，主要有国际环境复杂多变、海外投资风险加大、环境卫生等问题。

首先是国际环境复杂，需要寻找不确定中的确定因素。"一带一路"建设面对的外部国际情况极为复杂，中国与周边国家和地区大国的关系存在着较大的矛盾，同时还面临着极端势力侵扰的威胁。② 因此处理好与美国、俄罗斯、印度等大国的关系势在必行。刘海泉《"一带一路"战略的安全挑战与中国的选择》③ 一文探讨了"一带

① 傅京燕，程芳芳."一带一路"倡议对中国沿线省份产业结构升级的影响研究［J］. 经济经纬，2021，38（03）：66-75.
② 刘勇，姜彦杨."一带一路"视域下中亚极端势力成因及其风险防范［J］.宁夏社会科学，2019（06）：46-52.
③ 刘海泉."一带一路"战略的安全挑战与中国的选择［J］.太平洋学报，2015，23（02）：72-79.

一路"倡议所面临的双重安全挑战：一是以国家政局变化为主的传统安全挑战，如个别国家的敌视，以美国为首的地缘政治威胁等；二是以恐怖主义等有组织犯罪为主的非传统安全威胁。杜兰《"一带一路"倡议：美国的认知和可能应对》① 指出，要处理好与美国的关系，以免走向对抗外交道路，为"一带一路"倡议能够顺利推行提供良好的外部环境条件。②

邻近国家印度的态度一直不甚明朗，值得重点关注。杨思灵《印度如何看待"一带一路"下的中印关系》③ 中发现，印度对待中国"一带一路"倡议一直采取回避态度，甚至制定了所谓"跨印度洋海上航路与文化景观"策略。面对此种情形，中国有必要积极探索适合双方的合作模式，以免造成不必要的冲突。如推动"一带一路"与"跨印度洋海上航路与文化景观"计划的全面对接，推动孟、中、印、缅经济走廊的合作，举办中印"丝路文化"联展项目等。④

其他国家和地区同样面临挑战。魏冉《"一带一路"背景下中国公民在东盟十国的安全风险和保护研究》⑤ 指出，近年来，在东

---

① 杜兰."一带一路"倡议：美国的认知和可能应对 [J]. 新视野，2015（02）：111-117.

② 阮建平."地缘竞争"与"区域合作"：美国对"一带一路"倡议的地缘挑战与中国的应对思考 [J]. 太平洋学报，2019，27（12）：43-53.

③ 杨思灵. 印度如何看待"一带一路"下的中印关系 [J]. 人民论坛·学术前沿，2015（09）：37-50.

④ 张根海. 印度"大周边"战略及其对"一带一路"倡议的影响 [J]. 当代世界与社会主义，2019（06）：164-170；赵健雅，张德淼."一带一路"倡议下中印商事法律纠纷解决机制比较与制度重构 [J]. 青海社会科学，2020（04）：141-149.

⑤ 魏冉."一带一路"背景下中国公民在东盟十国的安全风险和保护研究 [J]. 东南亚研究，2019（06）：106-129，157.

盟国家屡屡发生中国公民安全事件。对此，中国外交使领馆需要建立"线上线下""动静结合"的领事保护预防机制等措施，加大保护力度，降低风险系数。①

　　国际关系面临挑战的背后原因，相关研究亦有深入。《"一带一路"遭受的地缘冷战思维挑战及其思想根源》《西方对"一带一路"认知改变与我国引导策略》等多篇文章总结了"一带一路"遭遇反对的背后原因，指出西方视"一带一路"倡议为中国的地缘政治工

---

① 魏中胤，沈山，贾广宇，等．基于媒体事件的"一带一路"中亚、东盟区域地缘关系判别研究［J/OL］．世界地理研究，2021-03-19；赵凌．中国—东盟国家间税收争议解决机制的构建——基于"一带一路"背景［J］．对外经贸实务，2020（01）：32-35．班小辉，苌雅洁．FTA对"一带一路"沿线国家劳工标准的影响与我国应对策略——以越南2021年《劳动法》为视角［J］．国际经济法学刊，2021（01）：101-118．吕晓莉，黎海燕．越南对中国"一带一路"倡议的认知——基于对越南官方媒体报道的分析［J］．和平与发展，2019（06）：87-107+134；李晨阳，孟姿君，罗圣荣．"一带一路"框架下的中缅经济走廊建设：主要内容、面临挑战与推进路径［J］．南亚研究，2019（04）：112-133，157-158．靳高风，邢更力，俞青青．"一带一路"共建国家社会安全风险及对我国的影响——基于2018—2019年社会安全形势分析［J］．中国人民公安大学学报（社会科学版），2019，35（06）：1-7；薛力．中国"一带一路"战略面对的外交风险［J］．国际经济评论，2015（02）：68-79，5；陆钢．巴尔干地缘文明断层与"一带一路"市场整合［J］．社会科学，2020（01）：19-28；徐国玲．基于"一带一路"建设的中日第三方市场合作的机遇、挑战及策略［J］．对外经贸实务，2020（01）：20-23；廖萌．"一带一路"框架下中日第三方市场合作研究［J］．亚太经济，2020（06）：63-69，148；孙有中，江璐．澳大利亚主流媒体中的"一带一路"［J］．现代传播（中国传媒大学学报），2017，39（04）：37-41，84；何茂春，张冀兵，张雅芃，田斌．"一带一路"战略面临的障碍与对策［J］．新疆师范大学学报（哲学社会科学版），2015，36（03）：36-45，2；王卫星．全球视野下的"一带一路"：风险与挑战［J］．人民论坛·学术前沿，2015（09）：6-18；乔玲玲，苏鹏，苏雪梅．"一带一路"背景下的对外传播［J］．新闻战线，2017（24）：33-34；马佳妮，周作宇．"一带一路"倡议下中国与中东欧教育合作：挑战与机遇［J］．中国高教研究，2019（12）：65-71；庞加欣，王灵桂．韩国"新北方政策"对接"一带一路"倡议：机遇与挑战［J］．热带地理，2019，39（06）：911-918．

具,表现有:错误的世界历史类比、机械的地理空间解读等。①

对于维持国际友好关系,扫除障碍的相关研究。《试论"中蒙俄经济走廊"的基础与障碍》② 一文指出"中蒙俄经济走廊"建设与"一带一路"倡议密不可分,加强"中蒙俄经济走廊"能够"稳疆兴疆",实现经济稳定发展。妥善处理与俄罗斯、中亚等国已形成的区域国家间合作发展机制的关系,创新合作模式,在融合与竞争之外,寻求构建"共同体"的路径等。③ 当前我国能源安全面临严峻形势,需要拓宽与"一带一路"沿线有关国家能源合作的方式。郭威、王学斌的《新时代国有企业海外投资风险问题研究》④ 研究表明,"走出去"的国有企业面临着外部经营风险和内部风险双重挑战,需要积极发挥政府引导作用。盛思鑫、曹文炼的《中国对外直接投资情况的再评估》⑤ 指出,中国的对外直接投资存在三大问题:投资的国际形象欠佳、投资的失败率较高以及国企投资的风险较大。张

① 耿协峰."一带一路"遭受的地缘冷战思维挑战及其思想根源 [J]. 国际观察, 2019 (06): 69-84; 李卓然. 西方对"一带一路"认知改变与我国引导策略 [J]. 湖南社会科学, 2019 (06): 163-168; 曲甜, 王艳."一带一路"倡议官方话语解析与国际反响述评 [J]. 当代世界与社会主义, 2019 (06): 193-200; 赵利群. 国际制度性话语权与"一带一路"倡议的顺利实施 [J]. 学海, 2020 (06): 68-72.

② 于洪洋, 欧德卡, 巴殿君. 试论"中蒙俄经济走廊"的基础与障碍 [J]. 东北亚论坛, 2015, 24 (01): 96-106, 128.

③ 董秀成."一带一路"战略背景下中国油气国际合作的机遇、挑战与对策 [J]. 价格理论与实践, 2015 (04): 14-16; 邹长胜, 王萍."一带一路"视角下石油装备制造企业"海外建厂"风险识别与防范——以哈萨克斯坦为背景 [J]. 改革与战略, 2015, 31 (05): 168-172.

④ 郭威, 王学斌. 新时代国有企业海外投资风险问题研究 [J]. 理论视野, 2019 (11): 81-87.

⑤ 盛思鑫, 曹文炼. 中国对外直接投资情况的再评估 [J]. 宏观经济研究, 2015 (04): 29-37, 131.

晓君、李文婧的《"一带一路"背景下的 ICSID 改革》① 研究表明，中国面临建立公平合理争端解决机制的迫切需求以及以 ICSID（国际投资争端解决中心）为代表的国际投资争端解决机制不信任的矛盾。任文利《论"一带一路"背景下我国条约保障体系的构建》② 指出了我国企业和公民"走出去"面临的歧视性待遇等问题。投资风险问题是学术研究的热点，相关研究甚多，具体可参见黄一玲《"'一带一路'投资风险与法律对策"国际论坛综述》等。③ 王林彬《"丝绸之路经济带"背景下中国与中亚国家投资风险救济制度之完善》④

---

① 张晓君，李文婧."一带一路"背景下的 ICSID 改革 [J/OL]. 重庆大学学报（社会科学版），2019-07-05.

② 任文利. 论"一带一路"背景下我国条约保障体系的构建 [J]. 中国法律评论，2019 (06)：191-199.

③ 黄一玲."'一带一路'投资风险与法律对策"国际论坛综述 [J]. 国外社会科学，2020 (01)：155-159；董红，林慧慧."一带一路"战略下我国对外贸易格局变化及贸易摩擦防范 [J]. 中国流通经济，2015，29 (05)：119-124；邱煜，潘攀."一带一路"倡议与沿线国家债务风险：效应及作用机制 [J]. 财贸经济，2019，40 (12)：96-111；李世杰，曹雪菲，周宁. 政治风险影响我国直接投资"一带一路"国家的实证分析 [J]. 江淮论坛，2019 (06)：127-133；张原野."一带一路"倡议下的中国对外投资风险与规避策略 [J]. 人民论坛·学术前沿，2019 (21)：100-103；王娟娟，杨冰如. 中国在"一带一路"区域的投资结构变化及发展趋势 [J]. 中国流通经济，2020，34 (01)：90-99；刘斌斌."一带一路"建设中法律服务的必要性及其路径研究 [J]. 西北民族大学学报（哲学社会科学版），2020 (01)：60-68；王霞，程磊，刘甜. 文化差异、制度质量对中国对"一带一路"沿线国家直接投资的影响 [J]. 投资研究，2020，39 (11)：96-106；古丽娜尔·玉素甫，杨瑞瑞，刘永旺."一带一路"沿线国家要素禀赋对中国对外直接投资的影响 [J]. 科技管理研究，2020，40 (22)：168-176；张鹏飞，谢识予."一带一路"倡议与中国对外直接投资——基于双重差分法的实证分析 [J]. 投资研究，2020，39 (11)：88-95；罗长远，曾帅."走出去"对企业融资约束的影响——基于"一带一路"倡议准自然实验的证据 [J]. 金融研究，2020 (10)：92-112；王淑芳，闫语欣，于娜."一带一路"沿线国家投资悖论的形成机理研究 [J]. 世界地理研究，2021，30 (04)：781-791.

④ 王林彬."丝绸之路经济带"背景下中国与中亚国家投资风险救济制度之完善 [J]. 兰州学刊，2020 (01)：57-67.

认为，必须完善中国与中亚国家关于投资方面的法律救济机制，从双边和多边层面完善中国与中亚的投资争端解决机制。

疾病等卫生问题带来挑战，环境问题不可忽视①。姜丽等《新冠肺炎疫情背景下的"一带一路"民心相通建设》②指出，沿线国家态度出现消极动向，人员交流受限，经济合作放缓。

第四节 "一带一路"未来发展设想

部分研究展开总体展望，从宏观角度提出大的指导方针。《欧元区核心国与边缘国分化及对我国"一带一路"战略的启示》等文章认为中国应该避免成员国之间的分化，保证各国平衡发展。③《"一带一路"倡议提升了中国先进制造业的创新能力吗?》④建议，我国在未来应致力于继续扩大建设跨境铁路、通信设施和油气通道等，

---

① 丁金光，王梦梦. 绿色"一带一路"建设的成就与挑战［J］. 青海社会科学，2020（05）：62-69；赵斌，唐佳. 绿色"一带一路"与气候变化南南合作——以议题联系为视角［J］. 教学与研究，2020（11）：86-97.
② 姜丽，吴志成. 新冠肺炎疫情背景下的"一带一路"民心相通建设［J］. 人民论坛·学术前沿，2020（21）：112-117；刘珏，刘民."一带一路"背景下公共卫生风险防范面临的挑战与应对［J］. 中华流行病学杂志，2019，40（03）：255-258；高竹清，李鹏，冀明，等."一带一路"倡议下我国消化内镜事业发展的机遇与挑战［J］. 中华消化内镜杂志，2018，35（01）：15-17；孙存志，杨丽."一带一路"沿线卫生健康共同体构建研究［J］. 青海社会科学，2020（05）：70-75.
③ 高锦. 欧元区核心国与边缘国分化及对我国"一带一路"战略的启示［J］. 现代经济探讨，2015（04）：78-82；马岩."一带一路"国家主要特点及发展前景展望［J］. 国际经济合作，2015（05）：28-33.
④ 曹虹剑，赵雨，李姣."一带一路"倡议提升了中国先进制造业的创新能力吗?［J］. 世界经济研究，2021（04）：104-119.

大力推行基建工程。对"一带一路"沿线的投资空间进行展望。郑蕾、刘志高《中国对"一带一路"沿线直接投资空间格局》① 提出了中国对"一带一路"沿线直接投资空间战略的分析框架以及空间分布和产业选择，并提出中国对沿线地区的空间差异化投资引导战略。城乡规划改革在"一带一路"未来建设合作中具有重要地位。王海涛、史怀昱、陈健张、军飞《"一带一路"背景下的印度城乡规划体系研究》② 一文指出，随着"一带一路"倡议的不断推行，城乡规划在未来的建设合作中将占有重要地位。对城乡规划领域的标准和政策进行研究，有利于为将来的国际合作提供重要的机制保障与政策支撑。总的来说。结合"一带一路"倡议的重点内容，政策沟通、设施联通、贸易畅通、民心相通等方面将为我国的城乡规划改革提出重要启示。

国内区域研究多以地域为限定，分析区域优势，发展新产业。如西部、西南地区统一筹划③；西北地区教育优先④；沿海港口城市

---

① 郑蕾，刘志高. 中国对"一带一路"沿线直接投资空间格局［J］. 地理科学进展，2015，34（05）：563-570.
② 王海涛，史怀昱，陈健，张军飞. "一带一路"背景下的印度城乡规划体系研究［J/OL］. 国际城市规划，2019-09-18.
③ 段小梅，黄志亮. 新常态下西部经济发展的新机遇、挑战及趋势［J］. 西部论坛，2015，25（03）：66-74；赵菁奇，李本和. "一带一路"建设视阈下西南四省（区、市）技术创新政策实施效果评价及对策建议［J］. 学术论坛，2015，38（05）：41-46；王志民. "一带一路"背景下的西南对外开放路径思考［J］. 人文杂志，2015（05）：26-32；马丽，金浩. 以"一带一路"为引领　加大西部开放力度　推进民族地区发展［J］. 贵州民族研究，2020，41（11）：163-169.
④ 晓华，刘静芳. "一带一路"建设背景下西北地区高等教育中外合作办学研究——基于利益相关者视角［J］. 民族教育研究，2019，30（06）：79-84.

重点发挥港口优势①；以上海为战略核心节点②；要加强河南"战略腹地内涵建设"③；打造东北桥头堡地位④；山东作为战略重要平台营建⑤；山西历史文化的全新诠释与利用⑥；发掘福建的港口优势⑦；广东作为国内腹地经济和沿线腹地国家的支撑点⑧；重点培养广西特

---

① 傅京燕，程芳芳．"一带一路"倡议对中国沿线省份产业结构升级的影响研究［J］．经济经纬，2021，38（03）：66-75；陈芙英，张建同．"一带一路"战略下我国沿海港口竞争力评价与比较研究［J］．工业工程与管理，2021，26（03）：1-7．

② 姜睿．"十三五"上海参与"一带一路"建设的定位与机制设计［J］．上海经济研究，2015（01）：81-88；姜睿．以上海为核心节点的"一带一路"等国家战略整合机制探索［J］．现代经济探讨，2015（04）：54-58；王海燕．上海参与"一带一路"建设的优势、挑战与对策研究——基于中国省际面板数据的实证分析［J］．上海经济研究，2015（04）：123-129；张恒龙，周元诚．"一带一路"战略下的中哈贸易自由化研究［J］．新疆师范大学学报（哲学社会科学版），2015，36（04）：76-84．

③ 李庚香，王喜成．新"丝绸之路经济带"的战略特点与河南的积极融入［J］．区域经济评论，2014（06）：44-52．

④ 刘国斌．"一带一路"基点之东北亚桥头堡群构建的战略研究［J］．东北亚论坛，2015，24（02）：93-102，128；衣保中，张洁妍．东北亚地区"一带一路"合作共生系统研究［J］．东北亚论坛，2015，24（03）：65-74，127-128．张弛．"一带一路"背景下的东北亚区域合作——基于对复合地区主义的再思考［J］．东北亚论坛，2020，29（02）：111-126，128．

⑤ 荀克宁．打造俄蒙境外园区　构筑山东"一带一路"建设新平台［J］．东岳论丛，2015，36（02）：152-156．

⑥ 高春平．山西与丝绸之路——兼论山西在"一带一路"发展战略中的地位与对策［J］．经济问题，2015（04）：19-22．

⑦ 朱鹏颐，施婉妮．"一带一路"战略提振福建企业国际竞争力的思考［J］．福建论坛（人文社会科学版），2015（02）：163-168；黄继炜．发挥福建优势，融入"一带一路"建设［J］．福建论坛（人文社会科学版），2015（05）：141-147．

⑧ 李飞星，罗国强，郭丽珍．广东参与"一带一路"建设的战略选择［J］．开放导报，2015（01）：47-50；揭昊．"一带一路"倡议下广东省开行中欧班列对策探讨［J］．铁道运输与经济，2020，42（01）：61-65，102；许勤．加快发展湾区经济　服务"一带一路"战略［J］．人民论坛，2015（06）：11-13．

色优势，如电商饲料、菌类加工产业等①；连云港建设成"东方连云港"②；扩大江西的贸易出口③；发挥香港语言文化、金融服务等与国际接轨的优势，支持内地改革开放④；实现云南媒体对国际宣传⑤；西藏作为"一带一路"建设前沿通道，对接南亚与内陆⑥；新疆是丝绸之路经济带核心区⑦；重庆作为"一带一路"和长江经济带联结点上的重要城市，为"一带一路"提供人才支撑⑧；打造成

---

① 曹冬英."一带一路"战略中广西的 SWOT 分析及发展途径研究 [J].学术论坛，2015，38（03）：72-76；吕余生.在"一带一路"建设和开放合作中培育新的经济增长点 [J].经济研究参考，2015（17）：4-5，8；王海玲."一带一路"背景下广西欠发达地区饲料产业电商精准扶贫的路径研究 [J].中国饲料，2020（22）：126-129；梁剑."一带一路"背景下广西——东盟野生食用菌资源合作开发的可持续性研究 [J].中国食用菌，2019，38（12）：5-7；陈立生."一带一路"视域下文化"走出去"的逻辑理路——基于广西文化"走东盟"的实践思考 [J].学术论坛，2019，42（06）：1-7.

② 韩冰曦，张虹.把握"一带一路"契机 探索山区治理新路——连云港市赣榆区厉庄镇山区治理与现代农业调研报告 [J].人民论坛，2015（07）：68-70.

③ 毛小明，尹继东，王玉帅."一带一路"背景下江西出口贸易增长分析 [J].江西社会科学，2015，35（03）：74-78；

④ 张灼华，陈芃.中国香港：成为"一带一路"版图中的持续亮点 [J].国际经济评论，2015（02）：80-89，6；巴曙松，王志峰."一带一路"：香港的重要战略机遇 [J].人民论坛·学术前沿，2015（09）：51-61，73.

⑤ 王林，李晓霞."一带一路"战略与云南媒体国际传播力建设 [J].思想战线，2015，41（03）：116-119.

⑥ 顾国爱.西藏地区发展"一带一路"的对策 [J].中国流通经济，2015，29（05）：113-118；刘立云.穿越时空：西藏"一带一路"建设的联合跨域发展研究 [J].西藏研究，2019（06）：144-151；曾绍龙，曾凯霖.西藏建设"一带一路"南亚大通道进展及深化研究 [J].国际贸易，2019（11）：74-81；刘怡春，赵家红."一带一路"背景下"西藏南亚语种"建设：现状与愿景 [J].西藏民族大学学报（哲学社会科学版），2020，41（05）：147-152.

⑦ 程云洁，董程慧."一带一路"倡议下新疆与周边国家出口贸易效率及潜力研究 [J].新疆大学学报（哲学·人文社会科学版），2020，48（01）：1-10.

⑧ 张轶，周茜，苟朝莉."一带一路"背景下重庆市来华留学教育发展政策研究——基于政策比较分析视角 [J/OL].重庆高教研究，2021-05-02.

渝经济圈,助推西部大开发①。

国外的区域研究多选择加强合作,在中亚地区稳步推进"一带一路"建设。充分发挥各自的优势,优化贸易结构,对经贸、创新等领域的合作进行深化,从而实现共赢。谢锋斌《"一带一路"背景下中国与吉尔吉斯斯坦战略合作探讨》②指出,吉尔吉斯斯坦是中国通往中亚的门户和丝绸之路经济带的重要节点,从人口、经济发展水平、贸易、投资、基础设备状况、未来发展规划等方面系统阐述了吉尔吉斯斯坦的社会经济状况,指出中吉在市场、资金、技术等领域具有较强的互补性,可以深化双方的合作,以实现共赢。黄孟芳、卢山冰、余淑秀《尤其是在如何加强合作的灵活性以及增强内外协调和统筹能力方面》③认为,中国在开展"一带一路"建设时,要积极加强与一体化组织的联系,有选择地加强合作,推进能源等项目合作,在中亚地区稳步推进"一带一路"建设。肖维歌《在"一带一路"战略背景下中国与海合会国家贸易发展与展望》④指出,我国与海合会成员国的贸易发展迅速,未来有很大的发展空间。吴思科《"一带一路"框架下的中国与海合会战略合作》⑤指出,中海共建"一带一路"将成为新形势下中国与海湾国家合作的

① 易淼. 新时代推动成渝地区双城经济圈建设探析:历史回顾与现实研判 [J]. 西部论坛, 2021, 31 (03): 72-81.
② 谢锋斌. "一带一路"背景下中国与吉尔吉斯斯坦战略合作探讨 [J]. 商业时代, 2014 (34): 37-39.
③ 黄孟芳,卢山冰,余淑秀. 以"欧亚经济联盟"为标志的独联体经济一体化发展及对"一带一路"建设的启示 [J]. 人文杂志, 2015 (01): 36-44.
④ 肖维歌. 在"一带一路"战略背景下中国与海合会国家贸易发展与展望 [J]. 对外经贸实务, 2015 (03): 17-20.
⑤ 吴思科. "一带一路"框架下的中国与海合会战略合作 [J]. 阿拉伯世界研究, 2015 (02): 4-13.

主线，将推动双方在经济贸易、能源、基础设施、高新科技等领域深入合作，提升双边关系。韩永辉、罗晓斐、邹建华《中国与西亚地区贸易合作的竞争性和互补性研究——以"一带一路"战略为背景》① 分析指出，中国可充分利用与西亚贸易的互补性加强双方关于"一带一路"倡议建设方面的合作。文瑞《"一带一路"战略背景下的中欧经贸合作》② 指出中国和欧盟两大经济体需要加强合作。冯颂妹、陈煜芳《"一带一路"背景下中国与东盟贸易竞争性和互补性分析》③ 指出，中国与东盟的双边贸易以互补性为主，未来双方合作的空间和潜力依然较大。双方应该充分发挥各自的优势，优化贸易结构，对经贸、创新等领域的合作进行深化，从而实现共赢。王飞、胡薇《中国—拉美共建"一带一路"的现状、问题与启示——基于智库研究视角》④ 指出，拉美智库的"一带一路"研究存在研究人员集中、研究领域不够开阔等问题。而中国采取的构建双循环新发展格局和应对新冠肺炎疫情的国际合作举措使得中拉共建"一带一路"有了新的内容。鲍静海、韩小蕊《我国对"一带一路"沿线国家直接投资的出口效应》⑤ 指出，未来要充分考虑直接投资的出口效应作用，精准选择与优化投资方向，要采取各种措施

① 韩永辉，罗晓斐，邹建华. 中国与西亚地区贸易合作的竞争性和互补性研究——以"一带一路"战略为背景 [J]. 世界经济研究，2015（03）：89-98，129.
② 文瑞. "一带一路"战略背景下的中欧经贸合作 [J]. 国际经济合作，2015（05）：58-62.
③ 冯颂妹，陈煜芳. "一带一路"背景下中国与东盟贸易竞争性和互补性分析 [J]. 西安财经学院学报，2020，33（01）：95-101.
④ 王飞，胡薇. 中国—拉美共建"一带一路"的现状、问题与启示——基于智库研究视角 [J/OL]. 重庆大学学报（社会科学版），2021-05-03.
⑤ 鲍静海，韩小蕊. 我国对"一带一路"沿线国家直接投资的出口效应 [J]. 中国流通经济，2021，35（04）：82-92.

以充分发挥直接投资的出口促进效应。黄菊英、辛馨《"一带一路"倡议下中国—尼泊尔经贸合作研究》① 分析了制约中尼经济贸易合作的主要因素，并从优化营商环境，探索贸易合作新途径，建立金融交流机制等方面提出了有效建议。

第五节　未来学术研究发展取向

　　总的来说，有关"一带一路"倡议的学术研究已经进入一个蓬勃发展的阶段，各个领域的学者利用所在专业知识对其进行了诠释和总结，但不可避免地存在一些问题，如关于"一带一路"的概念内容、地理范围的问题，囊括全球明确"一带一路"的地理范围及概念，并在此基础上开展研究；"一带一路"的定位问题，不能把"一带一路"同地缘政治联系起来，容易给外界造成中国实行霸权主义的误解；如何平衡国内各省资源，使地方能够开展与"一带一路"沿线国家的合作，以谋求更大的发展，更好地在"一带一路"中发挥作用；通过相关研究的整理，还不难发现，涉及中外关系以及民族之间文化交流的研究仍显不足。对于相关国家影响的研究，多集中在美国、俄罗斯等大国，日本、韩国、朝鲜等相对小的国家则少之又少；一些研究认为"一带一路"建设过度关注沿线国家和地区，导致对国内的投资不够等问题，因此这方面的研究也应该继续推进；

---

① 黄菊英，辛馨. "一带一路"倡议下中国—尼泊尔经贸合作研究 [J]. 西藏大学学报（社会科学版），2019，34（04）：128-137.

有关"一带一路"相关建设中可能遭遇的风险研究力度不够，后续研究应该着力于此，通过总结经验教训，实地调查，提出相关假设并加以证实，以便更好地推动建设；应该培养专门人才，成立专门的科研机构，鼓励科研人员投入相关的学术研究，以便更好地填补空白。

随着"一带一路"实践的不断深入，新的问题将会不断涌现，学术研究应该及时抓住问题，并提出相应的基础理论和实践方案，为"一带一路"实践提供方向指导，不断完善"一带一路"倡议。

第二章 "一带一路":走向未来的人类命运共同体

    2013 年 9 月和 10 月,习近平在访问哈萨克斯坦和印度尼西亚时,先后提出建设"丝绸之路经济带"和"21 世纪海上丝绸之路"的倡议,合称"一带一路"。这是新时期中国向欧亚大陆乃至世界各国贡献的重要国际公共产品,被认为是 21 世纪最有前途的全球发展战略和国际合作工程。

    "丝绸之路"与"海上丝绸之路"发端于中国,横贯亚欧大陆东西两端,连接了包括中国、希腊、埃及及两河流域在内的世界重要文明发源地。"丝绸之路"曾经是世界梦想的中心舞台,它见证了中国的盛世,承载了诸多历史信息。"一带一路"倡议是对古丝路文化的传承与发扬,和平合作、开放包容、互学互鉴、互利共赢的"丝路精神"则融会贯通了中国传统文化中的和合元素,以及新中国成立以来的和平共处五项原则、坚持和平发展道路、建设和谐世界、打造人类命运共同体等核心理念和主张的精髓。

    2015 年,彼得·弗兰科潘在《丝绸之路:一部全新的世界史》

一书中说，在丝绸之路复兴之际，中国和远邦近邻的关系及其世界角色必将对 21 世纪产生深远的影响。中国是古丝绸之路的重要贡献者，陆上"使者相望于道，商旅不绝于途"的盛况、海上"舶交海中，不知其数"的繁华，表明资金、技术、人员等生产要素自由流动，商品、资源、成果等实现共享的古丝绸之路全球化在 2000 年前就已出现。中国倡建"一带一路"是为人类未来谋划。①

第一节 古代"丝绸之路"及其思想内涵

2014 年 6 月 22 日，在卡塔尔多哈举行的第 38 届世界遗产大会上，中国、哈萨克斯坦、吉尔吉斯斯坦三国联合申报世界文化遗产"丝绸之路：长安—天山廊道的路网"成功。这是首例跨国合作、成功申遗的项目。在申遗文件中，历史上的丝绸之路定义为"是起始于古代中国的政治、经济、文化中心——古都长安（今天的西安）的古代贸易路线和陆路商业通道。它跨越陇山山脉，穿过河西走廊，通过玉门关和阳关，抵达新疆，沿绿洲和帕米尔高原通过中亚、西亚和北非，最终抵达非洲和欧洲"。

在学术界，一般将古代丝绸之路定义为古代从中国黄河、长江流域出发，经中亚、西亚、印度，连接北非和欧洲的以丝绸贸易为主要媒介的文化交流之路。②

---

① 彼得·弗兰科潘. 丝绸之路：一部全新的世界史 [M]. 邵旭东，孙芳，译. 杭州：浙江大学出版社，2016：447.
② 林梅村. 丝绸之路考古十五讲 [M]. 北京：北京大学出版社，2006：4.

　　"丝绸之路"不仅是一条横贯东西、连接欧亚的商贸之路，更是一条东西方文化交流、文明对话之路。这条路最初主要用来运输中国古代出产的丝绸，但在历史的沿革中，它已经成为一条连通东方与西方之间经济、政治、文化的重要主干道，对推动人类文明进步产生了深远影响。

一、何为"丝绸之路"

　　古代丝绸之路具有狭义和广义之分。狭义上的丝绸之路是指从古代中国长安出发，经中亚通往南亚、西亚及欧洲、北非的陆上贸易通道；广义上的丝绸之路则是指所有经古代中国出发的各条中西贸易道路，包括经中亚至欧洲、北非的"沙漠丝绸之路"（狭义的丝绸之路），经蒙古至中亚、俄罗斯的"草原丝绸之路"，经中国南海、印度洋、红海、地中海至欧洲的"海上丝绸之路"以及从四川、云南出发，经缅甸至印度的"南方丝绸之路"①。

　　历史上，一般将公元前 2 世纪张骞出使西域作为丝绸之路开通的标志事件。司马迁在《史记》中将张骞通西域称为"张骞凿空"；唐代司马贞的《史记索隐》案："谓西域险阨，本无道路，今凿空而通之也。"张骞出使西域的目的是为了劝说月氏东归以共同对付匈奴，但已在巴克特利亚定居的月氏不愿东归。张骞的直接目的虽然没有达到，但他的出使却开拓并维护了一条从东亚连接中亚、西亚通往欧洲、北非的贸易交往之路，成为东西方商贸往来和文明交流的大道。

---

　　① 周伟洲，丁景泰. 丝绸之路大辞典［M］. 西安：陕西人民出版社，2006：1.

事实上，早在张骞出使西域之前，中西之间就已经有了经济、文化的交流，"丝绸之路"就已经存在。当时中国的输出物品中，最受西方人喜爱的是丝绸，从而使西方以"丝"来称呼中国。古希腊、罗马人将"丝"字音译为"赛尔"（Ser），称中国为"赛里斯"（Seres），意为"丝国"。从公元 1 世纪开始，西方就出现了一些与赛里斯国有关的记录。其中最为可信的，是古希腊地理学家马利奴斯记录下的一条道路，即从幼发拉底河渡口出发，向东途经一个叫"石塔"的中转站，最终到达赛里斯国都城赛拉（东汉首都洛阳）。公元 2 世纪的古希腊地理学家托勒密撰写《地理志》时，依据马利奴斯的记录并有所修正，记载了自幼发拉底河流域至丝国的路线，其中提到了敦煌和洛阳。马利奴斯和托勒密记录下来的这条为丝绸而前往丝国的商道，后来成为创造"丝绸之路"一词的基础。

到 19 世纪，随着欧洲国家殖民事业的发展，广阔的中亚及历史上的中西交通道路进入众多东方学家的视野。英国东方学家亨利·裕尔作为中西交通史学科的奠基人，在 1866 年出版的《东域纪程录丛》中，第一次对"赛里斯之路"进行了详细考证，为后来"丝绸之路"一词的出现奠定了基础。①

裕尔的这部著作以及《马可波罗游记译注》，引起了欧洲的东方学家对东方社会，尤其是中亚的探险热情。1868 年，德国地理学家费迪南·冯·李希霍芬在美国加利福尼亚州银行的资助下到中国考察，到达上海后受英国商会委托，对中国地貌和地理首次进行了综

---

① 亨利·裕尔. 东域纪程录丛——古代中国闻见录 [M]. 考迪埃修订，张绪山译. 北京：中华书局，2008：46.

合考察，足迹遍布中国大部分地区，其中就包括西安府、肃州、哈密这一段古代丝绸之路。回国后，李希霍芬继续研究这条路线，并于1877年出版著作《中国——亲身旅行和研究成果》（第一卷），书中首次提出"丝绸之路"（Seiden-strassen）一词，将其定义为"从公元前114年到公元127年间，连接中国与河中（是指中亚锡尔河、阿姆河以及泽拉夫尚河流域，包括今乌兹别克斯坦全境和哈萨克斯坦西南部），以及中国与印度，以丝绸之路贸易为媒介的西域交通路线"。[①] "在公元2世纪，存在着一条从洛阳、长安到中亚撒马尔罕的重要商道，这条商道上的主要流通货物是丝绸；这是一条从中国输出丝绸到中亚、西亚，最终到达欧洲的商道；因为这条商道上主要运输的是丝绸，在西方人眼中影响最大的也是丝绸，所以他将这条商道命名为丝绸之路。"[②] 在该书中，李希霍芬还绘制了一幅以塔里木盆地为中心的"中亚地图"，此地图的文字说明是"旨在说明公元前128年至公元150年间交通关系概况的中亚地图"，这幅地图可以说就是最早的丝绸之路图。

这一概念在提出后很快得到中西方学者的认可和支持。"1910年，德国历史学家、东方学家阿尔巴特·赫尔曼在《中国与叙利亚间的古代丝绸之路》一书中提出，'我们应该把这个名称——丝绸之路的含义进一步延长通向遥远的西方叙利亚。'1915年，赫尔曼在《从中国到罗马帝国的丝绸之路》一书中，进一步把'丝绸之路'

---

① 刘进宝. 东方学视野下的"丝绸之路" [J]. 清华大学学报（哲学社会科学版），2015，30（04）：64-71.
② 李希霍芬. 中国旅行日记 [M]. 李岩，王彦会，译. 北京：商务印书馆，2018：35.

作为中国与希腊—罗马社会沟通往来的交通路线的统称。"① 此后，"丝绸之路"一词被普遍接受。20 世纪 80 年代之前，中国学者大多把丝绸之路称作"中西交通"，此后则开始广泛使用"丝绸之路"一词，并逐渐成为固定称谓。

至于中外之间的海上交通，在历史上更是很久之前就已经存在。战国时期，就已经有了中国海岸近海航线，2000 多年前的司马迁就明确记载过通过海上航线对外交往。西汉时期，除了原来与朝鲜和日本的联系外，中国南方又开辟了新的航线，有些航线已经走出南海，通往印度洋进行海上贸易，《汉书·地理志》首次出现关于这些航线的记载。随着海外贸易的增加，中国与南海国家关系密切，相关的记载越来越多。唐代贾耽详细描述了中国和海外的海上贸易通道，其中有通往朝鲜的"登州海行入高丽、渤海道""广州通海夷道"等（《新唐书·地理志七下》），说明到了唐朝，中国的海上贸易已经相当发达。

海上对外航线虽然很早就已经存在，但是被定名为"海上丝绸之路"，则是对李希霍芬提出的概念的延伸。随着研究的深入，西方学者认为，中国古代通往西方的海上航线，也应属于丝绸之路。1956 年，法国印度学家、梵文学家让·菲利奥札在《印度的对外关系学》一书中，以很大的篇幅研究了陆上和海上丝绸之路。② 后来"海上丝绸之路"一名经由日本学者传到中国，首先是在香港学术界开始使用。1974 年，饶宗颐在《蜀布与 Cinapatta——论早期中，印，

---

① 石云涛. 丝绸之路的起源［M］. 兰州：兰州大学出版社，2014：2.
② 刘凤鸣. 山东半岛与东方海上丝绸之路［M］. 北京：人民出版社，2007：166.

缅交通》中写道："海道的丝路是以广州为转口中心。近可至交州，远则及印度。"[1] 到 20 世纪 80 年代初，内地学界也开始使用"海上丝绸之路"这个用语。[2] 还有一些学者提出了其他一些名称，如"陶瓷之路""香料之路""丝茶之路"等，但是"丝绸之路"这一用语已经被世界广泛接受，成为约定俗成的概念。

"丝绸之路"的概念自李希霍芬提出之后，其外延和内涵一直在扩展，它被描述为贯穿中国 2000 多年历史的亚欧大陆贸易大通道，不仅包括陆上丝绸之路贸易，还涵盖了海上丝绸之路贸易，甚至被抽象为东西方经济文化交流的桥梁"文化丝路"。

二、"丝绸之路"的历史沿革

在"丝绸之路"概念丛中，"西域"是一个非常重要的历史地理名词。"西"，指的是中国的西方，它从今天中国的新疆地带，一直延伸到中亚、阿富汗、伊朗、阿拉伯国家，以及更远的地方。甚至连印度、巴基斯坦、孟加拉国、尼泊尔、斯里兰卡、不丹、锡金、马尔代夫以及非洲东部的一些国家和地区，都可以包括在内。从唐代玄奘所著的《大唐西域记》中，就可以体会到古代中国的这种地理想象。

从汉代开始，西域成为丝绸之路上的重要枢纽，中国的丝绸、茶叶、瓷器等商品通过西域以分程传递、分段贸易的方式运输至中亚地区，进而向西传入欧洲。《汉书》卷九六《西域传》中，记载

---

① 饶宗颐. 蜀布与 Cinapatta——论早期中，印，缅交通 [J]. 中央研究院历史语言研究所集刊，1974：561-584.
② 陈炎. 海上丝绸之路与中外文化交流 [M] 北京：北京大学出版社，2002：385.

了汉代丝绸之路的走向，即"自玉门、阳关出西域有两道。从鄯善傍南山北，波河西行至莎车，为南道；南道西逾葱岭则出大月氏、安息。自车师前王廷随北山，波河西行至疏勒，为北道；北道西逾葱岭则出大宛、康居、焉耆"。从长安开始，经河西走廊，再从敦煌的阳关、玉门关出发，就进入了西域的南北两道，经葱岭（帕米尔高原）西去到达中亚、欧洲，是古代中西交通的基本路线。

唐代在平定突厥叛乱之后，建立了安西和北庭都护府，并随之建立了很多便利的驿站，为丝绸之路贸易提供了良好外部环境，使得社会和平，百姓安居。"自安远门西尽唐境万二千里，间阎相望，桑麻翳野，天下称富庶者无如陇右"（司马光《资治通鉴》）。在当时，丝绸一度成为各方均接受的货币形式，可以想见当时贸易的繁盛和稳定。

唐代中后期，随着造船与航海技术的进步，"海上丝绸之路"才真正稳定并繁荣起来。历史上的海上丝绸之路主要有三条航线：一为北部航线或东海航线，主要是从中国的东部沿海出发北上与朝鲜、日本的贸易路线；二为南海航线，主要从中国的东南和南部的沿海港口出发，经南海到东南亚，再到印度洋的南亚，然后抵达红海、波斯湾沿岸国家以及非洲东海岸相关国家，《新唐书》称之为"广州通海夷道"，这是影响最大的一条航线，也是后来郑和下西洋的线路；三为美洲航线，主要从福建的泉州港出发，经过南海周边诸岛，然后过太平洋到达美洲。①

唐朝覆灭之后，西域陷入长期的割据与战乱之中，陆上丝绸之

---

① 黄建峰. "21世纪海上丝绸之路"战略研究［D］. 山东师范大学硕士论文，2017.

路贸易被迫中断。但海上丝绸之路依旧繁荣，并在科技进步的推动下继续发展。在宋代，国家大力推动海外贸易发展，海上丝绸之路贸易呈现繁荣之势。

13世纪初期，北方游牧民族崛起。蒙古依靠强大而灵活的骑兵，不断扩大统治疆域，向西到达中亚及东欧地区。1271年，元朝建立，实施驿站制度，消除了东西方贸易交往中的障碍和壁垒，横跨亚欧大陆的商贸道路再次出现了兴盛的态势。

元代不仅恢复了陆上丝绸之路贸易，也延续了海上丝绸之路贸易。杨建新、卢苇所著的《丝绸之路》一书中指出："1279年，忽必烈派使臣与马八尔（印度科罗曼德海岸）、俱兰（南印度奎隆）等南亚国家交好，进而疏通了印度洋及其以西航道。海上丝绸之路西线疏通后，元朝与东南亚、西亚、北非、东非及地中海等许多国家建立了友好关系。高丽、日本、占城（今中南半岛东南部）、古里地闷（今帝汶岛）、伊尔汗国、祖法尔（今阿曼佐法尔）、摩加迪沙（今索马里）等国都与元朝交往密切。"[1] 这一时期，东西方之间的经济与文化交流进入黄金时期，元大都成为各国商人云集之地。《马可波罗游记》对中国极尽繁华美好的展现，也成为西方人想象东方的不朽源泉。

明朝政权稳定之后，为增进与丝路沿线各国的和平友谊，"示中国富强"，明成祖派郑和七次下西洋，大力促进了明朝与亚非各国的往来，在1405至1433年的28年间，郑和率船队到达过35个国家和地区，是古代丝绸之路发展史上的重要印记。

---

[1] 杨建新，卢苇. 丝绸之路 [M]. 兰州：甘肃人民出版社，1988：337-339.

随着时代发展，丝绸之路的路线不断延伸、内涵也愈加深入，成为古代中国与他国所有政治、经济、文化往来通道的统称。数千年来，贯穿欧亚的贸易通道上往来着各种各样的人群，各国使节、商队、游客、学者、工匠、教徒、朝圣者、艺术家……沿着丝绸之路四处活动、川流不息。① 沿线民众互通有无、互学互鉴，逐渐形成了沟通中华文明、印度文明、波斯文明、阿拉伯文明、罗马文明的经济文化交流的友谊之路。

三、丝绸之路与"丝路精神"

通过丝绸之路，中国与中亚、西亚、南亚、欧洲、北非等地区建立起密切的商贸联系，不仅促进了东西方之间的科技交流和生产力发展，还推动了东西方文明之间的融合和发展。

首先，丝绸之路使来自世界各地的物产可以流通。从公元前126年张骞出使西域开始，中国的丝绸、瓷器、茶叶等商品通过丝绸之路源源不断地输往西方，西方的皮毛制品、珠宝、香料、核桃、胡萝卜等物产输入中国，丰富了亚欧国家的物质文化生活。随后，海上丝绸之路的繁盛进一步扩大了物产交流的范围和种类。古代丝绸之路达到鼎盛的隋唐时期，据美国学者薛爱华（E. H. Schafer）研究，仅在唐代，传入中国的外来物品共计18类，170余种，涉及唐代生活的各方面。② 这种交流不仅在物产上实现了互通有无，而且丰

① 魏泓. 丝绸之路：十二种唐朝人生［M］. 王姝婧，莫嘉靖，译. 成都：四川人民出版社，2020：86.

② 薛爱华. 撒马尔罕的金桃：唐代舶来品研究［M］. 吴玉贵，译. 北京：社会科学文献出版社，2016：116.

富了各地农作物的种类，推动了丝绸之路沿线区域农业生产的发展。

其次，丝绸之路实现了不同文明区域之间的文化交流与融合。借助丝绸之路，中国的古典文化，如文字、儒学、美学、律法等对西方的社会生活和文化产生重大影响，丝绸之路国家的音乐、宗教、文学、艺术也影响了中国。西域的胡旋舞、拂林舞、拓枝舞风靡一时。西域的龟兹乐、西凉乐深受中国的喜爱。丝绸之路沿线的石窟、壁画、文物、古籍、古迹、遗址就是各国民族风俗习惯互相影响的见证。

再次，丝绸之路贸易促进了各区域之间生产技术的交流。中国的古代科技也影响了周边国家，甚至更远的地区，造纸术、印刷术、火药、指南针等传入西方后，极大地促进了其文化的发展和文明的进步，加快了世界发展的进程。西方的建筑工艺、制糖法、酿酒术、金属铸造工艺等技艺也输入中国，推动了沿途各国的经济社会发展和生产力水平的提高。

陆上丝绸之路作为亚欧大陆文明交流的典范，对当代亚欧国家的经贸合作仍有深刻影响；海上丝绸之路则给沿途30多个国家带去贸易、友谊和文明。古老的丝绸之路上，流溢、积淀着"和"的美学精神。丝绸之路的畅通繁荣促进了东西方之间的经贸往来、政治交往与文化交流，也使中国与丝路沿线各国各民族建立了相互理解、相互信任的丝路友谊。千百年来，伴随着千里丝路上经贸往来、文化交流的频繁，丝路沿线各国各民族之间相互融合、和谐共处，谱写出千古传诵的友好篇章。丝路沿线的各个国家和民族在交往的过程中相互借鉴、彼此融合，以开放和包容的胸怀共同创建了人文交流、文明互鉴的丝绸之路。

总而言之，古代丝绸之路贸易不仅促进了不同文明之间在经济文化以及生产技术等领域的互通有无，而且在沿线各国各民族长期交往的过程中孕育了"和平合作、开放包容、互学互鉴、互利共赢"的丝绸之路精神。这是古老的丝绸之路留给我们的最具生机和前景的遗产，习近平指出，"两千多年的交往历史证明，只要坚持团结互信、平等互利、包容互鉴、合作共赢，不同种族、不同信仰、不同文化背景的国家完全可以共享和平，共同发展。这是古丝绸之路留给我们的宝贵启示"①。

在当今世界各国经济社会发展联系日益紧密的前提下，中国继承丝绸之路精神，提出了"一带一路"倡议，推动了不同区域共同发展，促进各国之间友好合作。

第二节　回应挑战，"一带一路"构建新型全球化

近半个世纪以来，世界社会经济格局发生了重大变化，而其驱动力主要是经济全球化。在政治、经济和技术力量的共同作用下，世界被塑造成为一个相互影响、相互联结的紧密社会经济空间。

借助全球化的力量，中国实现了举世瞩目的高速经济增长，改变了世界经济格局。1978 年，按当年汇率计算我国国内生产总值

---

① 习近平. 弘扬人民友谊　共创美好未来——在纳扎尔巴耶夫大学的演讲 [N]. 人民日报，2013-09-08（003）.

（GDP）占世界的份额只有 1.8%，出口额占世界的比重不到 1.5%；2015 年，两个数字分别上升到 15.0% 和 13.8%。1979 年至 2012 年，中国经济年均增速达 9.8%，是世界同期增长速度最快的国家，中国经济总量扩张了约 70 倍，经济总量占世界的份额从 1.8% 提高到 11.5%。与此同时，中国外贸总额扩张了逾 175 倍，占全球比重从不足 1% 增加到近 10%。① 2006 年，中国成为全球外汇储备第一大国；2010 年，中国超过日本成为世界第二大经济体；2013 年，中国成为世界第一大货物贸易国；2015 年，成为世界第二大对外投资国。同时，中国还是世界制造业第一大国，占世界制造业产值的 24%。此外，中国不仅凭借自身的劳动力优势成为"世界工厂"，还成了跨国公司设立总部和研发中心的据点。跨国公司的到来也带动了中国物流业的发展，目前中国已经成为世界航运中心、物流中心和采购中心。总之，改革开放以后，中国已经深深融合进世界经济发展的洪流之中，综合国力不断增强，国际地位不断提升。

在 2008 年美国发生次贷危机进而衍生成全球性金融危机之后，全球经济整体低迷，有效需求不足，2012 年起，世界 GDP 年增长率都在 2%~2.5%，资本主义世界进入了经济发展的萧条期。在以美国为首的部分西方发达国家中，孤立主义、保护主义、民族主义、民粹主义相互交织，逆全球化现象开始蔓延。全球化指数中的经济全球化指数（KOF Index）显示：在 1990—2007 年期间全球化指数从 45.96 升至 61.82，其后开始下降直到 2010 年停止跌势，金融危机后逆全球化开始兴起，导致全球化进程放缓。在此期间，世界投资下

---

① 升级中国经济硬实力 [N]. 新华每日电讯，2013-11-08（008）.

降，资本流动降低。此外，在世界贸易组织（WTO）框架下以自由贸易为目标的制度设计遭遇障碍，TPP、TTIP等不透明，排他性强并设置高门槛的区域性贸易与投资合作方案出世。

发达资本主义国家一直是推动世界经济发展最主要的发动机，世界性经济危机直接导致了世界经济格局的变化，传统发达国家对世界经济的增长贡献程度随之减少，新兴的经济体如"金砖四国"等开始走上世界经济的前台，成为带领世界经济复苏的中坚力量。中国是经济全球化的最大受益者，中国有责任，也有能力为世界经济发展做出贡献。

近年来，中国倡导的和平发展引起越来越多国家的关注。中国的经济高速发展，既成功转型，又保持了和平稳定，没有出现政治、社会动荡，实现了整体性的利益增长和社会普遍性收益，"中国模式"被世界许多国家关注。面对未来的发展机遇和可能出现的危机，中国积极反思现有国际经济秩序以及全球治理架构中出现的问题，提出了"一带一路"倡议，以包容性的理念为世界各国创造平等互利的平台。

一、深化改革需要"一带一路"

改革开放后，2001年中国顺应经济全球化趋势，加入世界贸易组织（WTO）。经济全球化使中国在世界上的地位得到提升，同时也推动了中国的贸易增长和经济发展。

目前，我国外汇储备位居全球第一，在制造业领域里产能处于领先地位，对外出口与投资巨大。但在以美国为首的西方资本主义国家长期主导的全球化局势下，中国的发展仍然遇到以下难题：如何实现全国范围内的均衡发展，如何调整产业布局，进行产业升级、增强企业的创新能力和竞争力。"一带一路"倡议正好可以推动这些问题的解决。

（一）"一带一路"开放西部，化解区域发展不均衡

我国改革开放以来，一直伴有"东快西慢，东强西弱"的现象，中西部地区与沿海地区的差距越来越大。

西部发展的滞后，受到地理区位、自然环境、资源禀赋、基础设施等诸多因素的影响。国家领导人先后提出过"两步走"战略思想、区域协调发展及西部大开发战略、东北振兴和中部崛起发展战略。尤其1999年"西部大开发"战略实施以来，国家不断加大对西部地区的扶持和投入力度，西北基础设施建设和经济社会发展水平有了明显进步。2000—2012年西北五省区的年均经济增长速度都高于全国平均水平。但西部地区整体发展水平与东部发达地区仍存在差距，尤其是受偏居内陆等因素的影响，西部各省区经济外向化程度长期处于较低水平，这不仅阻碍了区域经济协调发展，而且对中国整体经济增长造成了一定影响。

这种不均衡的发展与开放格局，也使得中国的政治经济和国家安全受到威胁。一方面，经济发展的滞后影响中国西部地区特别是西北边疆地区的安全；另一方面，过度依赖东部沿海出口导向型经济的发展，使得中国易受到西方国家对外战略调整的冲击。

中西部地区与东部沿岸地区相比，存在产业支撑不足、经济实

体不够、资源要素欠缺等问题。但限制中西部地区发展最主要的两个因素是：基础设施建设滞后和资金的缺乏。"一带一路"从战略布局上加强基础设施投资，打开内陆与中亚、南亚、东北亚、欧洲的通道，让人才、资金、资源三要素流动起来，有效地推动这两个经济增长点，有助于开展更大范围和更深层次的区域合作。①

通过"一带一路"建设，中国与亚欧国家之间形成了"横贯东中西"的对外经济走廊，有助于全面提升西部地区的对外开放和经济发展水平。今后，西部地区不仅可以与国内的东北、中部、东部地区加强经济联系，向东承接产业转移，而且可以向中亚及其周边国家扩大开放，大力发展面向周边国家的外向型经济，在更大的空间范围内促进生产要素自由流动和优化配置，助推西部地区成为中国新的经济增长极。尤其通过"丝绸之路经济带"的建设，可以促进大城市和城市群发育，提升西部地区的城镇化水平，这对优化中国城市和人口的区域空间布局具有重大意义。"'一带一路'将构筑新一轮对外开放的'一体两翼'，在提升向东开放水平的同时加快向西开放步伐，助推内陆沿边地区由对外开放的边缘迈向前沿。"②

总之，建设"一带一路"，是中国中西部地区发展的一个良好契机。"一带一路"建设将有助于进一步提升中西部地区经济发展和对外开放水平，推动中国经济发展方式和产业结构的转型升级，促进中国经济与世界经济体系的深度对接和融合，形成全方位对外开放格局。习近平曾形象指出，"这'一带一路'就是要为我们这只大

① 苏格. 全球视野之"一带一路" [J]. 国际问题研究，2016 (02)：14.
② 高虎城. 深化经贸合作共创新的辉煌 [N]. 人民日报，2014-07-02.

鹏插上两只翅膀，建设好了，大鹏就可以飞得更高更远。"①

（二）"一带一路"化解产能过剩，助力中国企业走出去

改革开放以来，中国能取得如此卓越的成就，有的学者概括为"中国道路"或者"中国模式"的成功，主要得益于中国的比较优势，在"引进来"的过程中，廉价的劳动力人口发挥了很大的作用。依托低廉的劳动力价格和物美价廉的初级产品出口，中国经济得到了快速发展，也积累了丰富的产能。但在经济高速增长之后，我国的资本、产能出现过剩。据国际货币基金组织（IMF）测算，中国产业产能利用率不超过 65%，大量过剩的优质产能积压或闲置，不能充分转化为经济进一步提升的动力。

此外，尽管中国在对外开放的过程中积极学习西方国家的先进技术，也一直推动国内的自主创新和科技发展，但客观来说，目前中国的大量产品仍处在全球产业链的低端，附加值低，缺乏国际竞争力和定价权。加之国内区域发展不平衡，民众的购买力有限，这种情况使我国的经济发展很容易受到国际市场动荡的影响。

在 2008 年全球金融危机之后，欧美国家普遍面临经济下行的发展状况，对中国产品的需求锐减，导致我国大量产品积压，一批外向型企业面临困境。为了应对这一冲击，中国政府推出一系列内需刺激计划。另外，欧美国家针对中国出口商品的贸易保护措施挤压了中国的出口空间。

---

① 中共中央宣传部编. 习近平总书记系列重要讲话读本 ［M］. 北京：人民出版社，2016：266.

在国内区域发展不平衡和传统出口市场饱和的情况下，中国急需进一步提升对外开放程度，开辟新的出口市场，提高优质过剩资本及产能的利用率，推动经济的持续增长。中国近些年积累的产能和成熟技术，主要集中于钢铁、水泥等与基础设施建设紧密相关的行业领域，以及移动通信、高速铁路等现代交通通信行业。反观"一带一路"沿线国家，在基础设施建设领域存在严重的供给不足。推行"一带一路"倡议，将会提升中国制造业在全球产业价值链分工中的国际地位。"'一带一路'建设为沿线发展中国家提供工业化、城镇化的新契机，它们必然需要建设配套基础设施。在包括能源、电力、水泥、钢铁、机械、交通、通信等在内的基础设施建设行业，中国企业在中国的工业化现代化建设中积累了资本、人才技术和丰富的经验，在国际化竞争中实力超群。"[1] 中国与沿线国家供需对接，既转移了我国的富余产能和比较优势产能，又优化了沿线国家贸易和生产要素的配置，实现了协同发展与共赢。

通过"一带一路"建设，将中国优质产能、技术和价格优势与广大亚、欧、非国家的市场、劳动力、发展转型需求等结合起来，可以完善世界市场体系，减少对发达国家的依赖，打开发展中国家市场，推销中国产品。通过海外建设与投资，消化过剩产能，转移低附加值产业，促进产业的调整升级，提高产品科技含量，促进自主创新能力发展。

---

① 王义桅. "一带一路"机遇与挑战 [M]. 北京：人民出版社，2015：164.

（三）"一带一路"助力产业升级，转变发展模式

经过多年的高速增长，我国的经济体系面临着巨大的转型压力，建立一个可持续的经济体系刻不容缓。从经济系统看，我国需要从要素高投入和出口导向型发展模式转向依靠创新活动、拉动消费的多元化发展模式。

2015 年，中国启动产业改革，与此同时，美欧日发达国家在国际金融危机发生后，也在通过各种方式重塑其制造业的国际竞争优势。因此，中国的转型不仅面临国内的资源、环境、市场的约束，也面临着国际环境的挤压。通过"一带一路"倡议，助力"一带一路"沿线国家实现工业化和经济现代化，可以为国内经济结构向先进制造业的转型腾出必要的市场空间。

此外，中国在国际贸易中的地位也有待提升，特别是需要提升在全球产业价值链中的地位，提升中国经济的话语权，以争取在国际贸易中的主动权。因为经济发展水平和要素禀赋不同，"一带一路"沿线各国产业间存在着互补和竞争。"一带一路"倡议为沿线各国参与广泛的区域经济合作提供了新契机和新平台，加速国家间要素的自由流动，提高资源配置，推动各国的产业和产能合作，创造新的经济增长点。这一倡议一方面有利于沿线国家尤其是发展中国家，通过合作抓住机遇，全面、系统地提升在全球价值链中的地位；另一方面也有助于保障我国大规模海外投资的利益，让中国的资本全球化惠及更多的发展中国家和地区，实现合作共赢。

"一带一路"是世界上跨度最长的经济大走廊，也是世界上最具

发展潜力的经济合作带。"'一带一路'发端于中国，贯通中亚、东南亚、南亚、西亚乃至欧洲部分区域，东牵亚太经济圈，西系欧洲经济圈，覆盖约44亿人口，经济总量约21万亿美元，分别占全球的63%和29%。"① 通过"一带一路"建设，能够把中国的发展与沿线各国的发展对接起来，突破目前在新自由主义主导下的全球化框架，遏制资本的过度扩张，实现普惠发展，保障众多发展中国家和基层民众的利益。

"一带一路"倡议的提出，也意味着中国将主动承担更多的全球责任，积极引领国际经济合作。② 习近平在推动"一带一路"座谈会上指出，以"一带一路"建设为契机，开展跨国互联互通，提高贸易和投资合作水平，推动国际产能和装备制造合作，本质上是通过提高有效供给来催生新的需求，实现世界经济再平衡。特别是在当前世界经济持续低迷的情况下，如果能够使顺周期下形成的巨大产能和建设能力走出去，支持沿线国家推进工业化、现代化和提高基础设施水平的迫切需要，有利于稳定当前世界经济形势。③

二、和平发展需要"一带一路"

当今世界格局多极化趋势不断深入发展，多个力量中心相互制约，强权政治、霸权主义受到越来越多的限制。世界合作机制不断完善，区域化合作组织发挥越来越大的作用。依托雄厚的经济实力

---

① 龚雯，田俊荣，王珂. 新丝路：通向共同繁荣［N］. 人民日报. 2014-06-30（01）.
② 毛艳华. "一带一路"对全球经济治理的价值与贡献［J］. 人民论坛，2015（03）：31-33.
③ 习近平：总结经验坚定信心扎实推进 让"一带一路"建设造福沿线各国人民［N］. 人民日报. 2016-08-18（01）.

和有理有节的外交斡旋，中国在国际格局的转变中发挥着不可替代的作用。

中国提出"一带一路"倡议，致力于推动世界格局发展变化，建立公正合理的国际政治经济新秩序。这一倡议是中国和平发展的需要，也为世界发展带来了新的机遇。"一带一路"要求中国提出自己的政治、经济、安全新战略，维护和平发展大局，为实现"中国梦"创造良好的国际环境。

"一带一路"倡议的地理范围涵盖整个欧亚大陆，欧亚大陆自古就是多民族、多文化、多文明交流、汇聚、碰撞、并存之地。这一倡议同时涉及塞缪尔·亨廷顿（Samuel P. Huntington）所说的中华（儒家）文明、基督教文明、印度文明、伊斯兰文明、斯拉夫—东正教文明以及非洲文明等世界众多文明。域内民族众多、宗教林立、文化多样，是发生"文明冲突"的热点区域。[①] 中国作为一个负责任的大国，应该为世界和平与发展提供自己的战略智慧，修正在国际关系理论中长期处于支配地位的西方"零和博弈论"，构建互利共赢的新型国际关系。

"一带一路"尤其是"丝绸之路经济带"的核心区域是中亚地区，这也是国际地缘政治的热点地区，是大国角力的竞技场。一方面是由于中亚地区具有重要的区位优势，加之宗教和民族关系错综复杂，另一方面是由于中亚地区拥有丰富的石油、天然气资源。事实上，在中国提出"一带一路"倡议之前，相关大国就已经提出针

---

① 塞缪尔·亨廷顿. 文明的冲突与世界秩序的重建 [M]. 周琪，刘绯，张立平，等译. 北京：新华出版社，2017：6.

对这一区域的战略构想，影响较大的有日本的"丝绸之路外交战略"、俄印等国的"北南走廊计划"、欧盟的"新丝绸之路计划"和美国的"新丝绸之路战略"等。①

1997 年，日本提出"丝绸之路外交战略"，把中亚和南高加索 8 国称为"丝绸之路地区"，加强政治经济合作。自 2004 年开始，日本推动设立了"中亚＋日本"外长定期会晤机制，通过这一机制，日本与中亚国家的联系得以加强。

2002 年，俄罗斯、印度、伊朗合作推出"南北走廊计划"，修建从印度经伊朗、高加索、俄罗斯直达欧洲的国际运输通道。

2009 年，欧盟提出"新丝绸之路计划"，修建纳布卡天然气管线，加强与中亚及周边国家的全方位联系。通过实施这一计划，欧盟一方面可以加强与中亚国家的油气资源合作，保障能源供应安全；另一方面可以拓展与中亚及其周边国家的全方位合作，增强欧盟在中亚地区的影响力。

2011 年，时任美国国务卿希拉里提出"新丝绸之路战略"，力图在美国主导下，依托阿富汗连接中亚和南亚的区位优势，形成以阿富汗为中心的"中亚—阿富汗—南亚"交通运输与经济合作网络，促进这一区域的能源南下和商品北上。此后，美国将其中亚、南亚政策统一命名为"新丝绸之路战略"，并积极向其盟友推介这一战略。美国实施这一战略，一是可以推动阿富汗融入区域经济一体化进程，促进阿富汗的经济发展，减轻美国的战略负担；二是可以提

---

① 白永秀，王颂吉. 丝绸之路经济带的纵深背景与地缘战略 [J]. 改革，2014（03）：64-73.

升印度的发展空间，加快印度经济崛起，使印度在地区和国际层面发挥更大作用，制衡中国；三是可以加强美国与中亚国家的经贸合作，开发中亚地区丰富的油气等矿产资源。

面对诸种国际挑战，以及化解宗教民族矛盾、保障西北边疆安全稳定、扩展能源进口渠道的现实需要，中国作为古丝绸之路的起点和主要国家，有必要提出自己的丝绸之路战略。

"21世纪海上丝绸之路"的核心区域则是东南亚地区。从地理方位上看，东南亚是扼守太平洋—印度洋海上交通要道的优势地带，战略位置非常重要。中国的能源运输渠道，严重依赖这一区域中的马六甲海峡航线。随着经济的发展，国内很难满足日益增长的能源需求，需要进口能源等资源。海上航道安全，对中国的能源安全至关重要，特别是在国际局势动荡，南海争端升级的情况下，如何维护海上航道安全，就成为中国和平发展所必须解决的重要问题。

通过"21世纪海上丝绸之路"建设，中国可以参与沿线国家海洋港口的建设，增加海上合作，促进海上航道安全。与沿线国家加强经贸联系，逐步化解分歧，建设安全的能源通道，并与陆上丝绸之路联通。通过海陆联运，实现能源供应多元化，增加中国能源进口渠道，实现中国的能源安全。

总之，"一带一路"不仅为了解决中国自身的发展问题，更致力于构建自由、开放、稳定、民主的世界秩序。它有助于深化中国与欧亚非各国尤其是周边国家在政治、经济、安全等领域的务实合作，加强相互间的政治互信和友好往来，打造和平友好的安全屏障。"一带一路"倡议是中国试图应对资本主义世界体系结构性危机和摆脱国家脆弱性束缚的产物，它是中国传统的世界治理经验和现代国家构建经验的延续与融合，旨在将中国的内部变革与亚洲乃至整个世界的可持续发展要求整合起来，最终创造出不同于霸权更替的体系变迁的可能。①

三、"一带一路"构建全球人类命运共同体

2008 年全球经济危机以来，世界经济发展经历一个较长时期的低迷，西方发达国家身陷困境，无力为全球治理提供公共产品。同时，世界的发展处在深刻的变化之中，全球经济动荡不安，各种力量彼此分化组合，原有的国际问题尚未解决，又增添了新的发展障碍。而中国作为一个世界大国，经受住了经济危机的考验，在全球经济增长乏力的情况下，依然保持着稳健的增长，进一步奠定了中国的大国地位。在这种背景下，如何对中国在国际社会中的地位重新进行定位，如何在深化改革开放的过程中实现中华民族的伟大复兴，如何进一步履行中国作为负责任大国的职责，如何在深度融入现有国际体系的基础上为国际社会的发展做出应有的贡献，是中国必须认真思考并做出回答的问题。

（一）"一带一路"倡导包容性全球化

在当前世界多极化、经济全球化、文化多样化深入发展的时候，作为世界第二大经济体以及拥有成功发展经验的大国，中国应该为

---

① 付宇珩，李一平. 资本主义世界体系结构性危机中的"一带一路"倡议——基于亚洲秩序变迁与中国现代国家构建经验的反思 [J]. 当代亚太，2017 (04)：152-153.

经济全球化改革发展提供中国方案。从解决全球化负面效应来看，新的国际经济治理模式，需要顾及社会基层的利益，需要让现代化的基础设施延伸至更多的地区，需要让经济增长惠及更多的民众。在尝试对这些问题进行回答的过程中，2000多年前的古丝绸之路这段为广大欧亚国家所认可的历史记忆与符号意义浮现在中国领导层的思考之中，并被赋予新的含义，从而形成了"一带一路"的伟大构想。

2012年，党的十八大首次明确提出"要倡导人类命运共同体意识，在追求本国利益时兼顾他国合理关切"。2013年3月，习近平在莫斯科国立国际关系学院演讲时提出要"建立以合作共赢为核心的新型国际关系"，并对"命运共同体"进行了初步的阐述，即同住地球的人类，在日益互联互通的今天，关系日益紧密，你中有我，我中有你。2015年9月，习近平在第七十届联合国大会上提到，要构建新型国际关系，倡导各国在互利共赢的合作机制下打造人类命运共同体。这是中国领导人在总结自身发展历程和外交经验的基础上，为改善全球治理做出的重大思想贡献，也是"一带一路"倡议从提出到实施的过程中始终遵循的基本原则和最终愿景。正如习近平所说"我提出'一带一路'倡议，就是要实践人类命运共同体理念"①。

"一带一路"建设的一个贯穿始终的原则是"包容性全球化"，坚持中国的和平崛起战略，与丝路沿线国家求同存异、和谐共生，

---

① 习近平. 携手建设更加美好的世界——在中国共产党与世界政党高层对话会上的主旨讲话 [N]. 人民日报，2017-12-22 (002).

致力于搭建平等、互惠、包容、多元、相互依赖的协同发展平台，打造命运共同体和利益共同体，通过互联互通，发挥地区各经济体的比较优势，实现互通有无、合作共赢、共同发展的目标。"'一带一路'打造的全球化是以发展为导向、以民生为导向、以基础设施互联互通为主要内容的一种区域性的超级洲际性的合作，这种全球化是更加包容的、更加普惠的、更加均衡的、更加可持续性的。"①它不仅要拓展中国自身的发展空间，也为世界提供优质公共产品，欢迎其他国家搭乘中国快速发展的便车。如习近平 2015 年在博鳌亚洲论坛的主旨演讲中所说的，"只有合作共赢才能办大事、办好事、办长久之事。要摒弃零和游戏、你输我赢的旧思维，树立双赢、共赢的新理念，在追求自身利益时兼顾他方利益，在寻求自身发展时促进共同发展。"

"一带一路"是开放的。作为一种新型跨区域合作架构，它不是一个封闭性和排他性的方案，而是中国与欧亚非各国共商、共营、共建、共享的合作方案。它不仅涵盖丝路沿线各种发展阶段、政治制度、文化特色的国家，而且欢迎古丝绸之路范围内外的各国参与建设并共享成果。共建"一带一路"将"秉承开放的区域合作精神，致力于维护全球自由贸易体系和开放型世界经济""旨在促进经济要素有序自由流动、资源高效配置和市场深度融合，推动沿线各国实现经济政策协调，开展更大范围、更深层次的区域合作，共同打造开放、包容、均衡、普惠的区域经济合作架构"。② "一带一路"

---

① 王义桅."一带一路"：中国崛起的天下担当 [M]. 北京：人民出版社，2017：225.
② 国家发展改革委，外交部，商务部. 推动共建丝绸之路经济带和 21 世纪海上丝绸之路的愿景与行动 [N]. 人民日报，2015-03-29 (004).

建设"开放包容的发展平台，各国都是平等的参与者、贡献者、受益者，我们将以海纳百川的胸襟，坚持共商、共建、共享原则"①。

"一带一路"打破了传统不平衡、不对等的合作模式，倡导多元主体共同参与全球治理。它"符合国际社会的根本利益，彰显人类社会共同理想和美好追求，是国际合作以及全球治理新模式的积极探索，将为世界和平发展增添新的正能量"②。它"有利于打破传统的垄断性全球治理模式，有利于建设更具代表性、包容性、开放性和公正性的全球治理体系"③。事实上，"一带一路"已经成为我国参与全球开放合作、改善全球经济治理体系、促进全球共同发展繁荣、推动构建人类命运共同体的中国方案。

不少国外学者对"一带一路"中蕴含的全球治理结构革新共建人类命运共同体的理念表示认同。他们认为，"一带一路"建设涉及广泛，它与人类命运共同体所包含的领域是一致的，是构建人类命运共同体的最佳路径。④"一带一路"建设能为各国找寻利益共通点，为形成利益共同体提供机遇，它会成为推动全球化发展和构建人类命运共同体的实践平台。⑤

---

① 习近平. 携手推进"一带一路"建设——在"一带一路"国际合作高峰论坛开幕式上的演讲 [J]. 中国经济周刊, 2017 (20)：54-57.

② 国家发展改革委，外交部，商务部. 推动共建丝绸之路经济带和21世纪海上丝绸之路的愿景与行动 [N]. 人民日报, 2015-03-29 (004).

③ 秦亚青，魏玲. 新型全球治理观与"一带一路"合作实践 [J]. 外交评论, 2018 (03)：1-13.

④ Aoyama R . "One Belt, One Road"：China's New Global Strategy [J]. Journal of Contemporary East Asia Studies, 2016, 5 (02)：3-22.

⑤ Yoshikawas. China maritime silk road initiative and local government [J]. *Journal of Contemporary East Asia Studies*, 2016 (02)：63.

（二）"一带一路"塑造和谐地缘政治关系

在"一带一路"倡议提出前，存在着亚欧会议、东盟欧盟、欧盟非盟等亚、欧、非三者间的多种二元主体合作架构，但都具有排他性和区域性。"一带一路"是首个跨亚、欧、非兼具全球开放性的合作架构，为合作共赢提供了全新思路，为南北合作、南南合作架起了沟通的桥梁。① 它也是中国在近代以来提出的第一个属于自己的，需要亚洲、欧洲、非洲等各国协力参与的大战略，具有鲜明的创新性地缘政治内涵。

目前通行的现代地缘政治想象（modern geopolitical imagination）是一种不同文化与国家之间存在等级制关系的认知，它将整个世界构建成为征服与屈服的关系整体，认为人类社会遵循从落后到现代的线性发展轨迹，领土化的民族国家围绕世界地位展开竞争。② 在此基础上，整个世界被僵硬地划分为现代/前现代（落后）、中心/边缘的等级体系，并依此展开现代性话语体系。在这一制度框架内，不发达国家和集团处于全球化价值链的低端，难以充分共享发展成果，造成了今天全球两极分化、动荡不安的局面。

借助古丝绸之路的历史遗产与象征符号，"一带一路"倡议构想开辟了新的地缘政治思维空间。它坚持沿线各国"资源禀赋各异，经济互补性较强"的定位，坚持"加强不同文明之间的对话，求同存异、兼容并蓄、和平共处、共生共荣"的原则，在构想亚欧非各

① 李文增. 中国丝绸之路区域发展战略问题研究［J］. 产权导刊，2014（07）：46-49.
② 周明. 地缘政治想象与获益动机——哈萨克斯坦参与丝绸之路经济带构建评估［J］. 外交评论，2014（03）：42.

国及其文化时，并未区分中心与边缘，也未构建一种落后地区必将向先进地区进化的想象。换言之，"一带一路"将不同文化、文明和国家视为平等地位，它们共存于同一个时空之中，不同国家可以共同发展、不同文化与文明可以求同存异，非西方国家及其文化并非必然要向西方的方向进化。按照《推动共建丝绸之路经济带和21世纪海上丝绸之路的愿景与行动》的表述，"'一带一路'贯穿亚欧非大陆，一头是活跃的东亚经济圈，一头是发达的欧洲经济圈，中间广大腹地国家经济发展潜力巨大。丝绸之路经济带重点连通中国经中亚、俄罗斯至欧洲（波罗的海）；中国经中亚、西亚至波斯湾、地中海；中国至东南亚、南亚、印度洋。21世纪海上丝绸之路重点方向是从中国沿海港口过南海到印度洋，延伸至欧洲；从中国沿海港口过南海到南太平洋。""一带一路"贯通亚欧非三大洲，西欧与东亚两个地区互为起点，涵盖的地区与海域包括中亚、俄罗斯、西亚、波斯湾、地中海、东南亚、南亚、印度洋、非洲等，贯通的方式分别为"一带"与"一路"。不仅如此，"一带"与"一路"还经中亚、中东、波斯湾实现对接。这是一幅完整的全新世界图景，它包含了一种中国对广阔的亚、欧、非大陆等国际地缘政治空间进行思考、描述的地缘政治想象，而这种地缘政治想象具有突破以强调国际关系中等级制、区分中心与边缘、持有陆权与海权两分法等为特征的"传统地缘政治想象"的潜力。①

"一带一路"体现了一种不同国家通过商品贸易、人文交流、经

---

① 曾向红. "一带一路"的地缘政治想象与地区合作 [J]. 世界经济与政治，2016 (01)：46-71，157-158.

济合作等方式促进经济要素在沿线国家和地区之间有序自由流动、资源高效配置和市场深度融合的趋势，从而为开展更大范围、更高水平、更深层次的区域、跨区域甚至洲际合作奠定基础。它涉及的不仅是通常所认为的促进欧亚非大陆之间的互联互通，更重要的是有助于实现世界各文化、文明之间的和平共处与协同共进。"一带一路"期待的是"不同文明之间的砥砺和相互扶持，能够产生更具宽容精神的共同进化，这比单极世界展示的世界图景更加丰富多彩，更有效率，同时也更加和平。"①

总之，"一带一路"所倡导的是新发展观、新安全观和新文明观，借助古代丝绸之路的共利共赢交往精神以及郑和下西洋所开创的"海上文明"，推动陆地发展和建立海洋新秩序。② 汪晖在《"一带一路"的社会主义潜力》中指出，它"带动的是一种新的看待历史、看待现实、看待区域关系和文化关系的新方法和新视野，即边疆的非边疆化、中心的非中心化、起源的非起源化。以'互联互通'为中心，我们可以形成一种互为中心、互为边疆的观察视角，它帮助我们重新理解世界，改变各种中心主义的思想方法"。

事实上，中国这一构想也得到了全世界有识之士的认同。美国国际企业战略专家罗伯特·劳伦斯·库恩认为，"一带一路"倡议强调沿线各国政策沟通、经济发展战略协调、贸易便利化及多边合作，

---

① 冯维江. 丝绸之路经济带战略的国际政治经济学分析 [J]. 当代亚太，2014（06）：73-98，157-158.
② 张蕴岭. 中国的周边区域观回归与新秩序构建 [J]. 世界经济与政治，2015（21）：5-25.

旨在建立一个和平、包容、繁荣的多极世界。① 印度学者埃姆瑞塔·乔什认为，作为一种不具强迫性和不带有军事色彩的尝试，"一带一路"倡议将证明中国是一个负责任的国际事务参与者，如果这个充满信心的计划如愿成功，中国就会以主建造师、关键人物和负责任利益相关者的身份出现在欧亚经济一体化的过程中，通过双赢框架建立更广泛的链接网，并通过亚洲基础设施投资银行为贫穷和欠发达国家提供一个能在国际政治经济领域发挥作用和影响的公平平台。② 哈萨克斯坦教授詹尼斯·坎巴耶夫认为，"一带一路"倡议是一种全球性的经济政治文化战略计划，创造了一种全新的世界合作关系。③

"一带一路"构想及其相关精神内涵获得了国际社会的广泛关注。2017 年 2 月 10 日，联合国社会发展委员会第 55 届会议将"人类命运共同体"写入决议；3 月 1 日，联合国人权理事会第 34 次会议提出构建"人类命运共同体"；3 月 17 日，联合国安理会在关于阿富汗问题第 2344 号决议中再一次强调构建"人类命运共同体"，呼吁国际社会凝聚援助阿富汗共识，通过"一带一路"建设等加强区域经济合作，敦促各方为"一带一路"建设提供安全保障环境、加强发展政策战略对接、推进互联互通务实合作等；11 月 2 日，第 72 届联合国大会第一委员会则将构建"人类命运共同体"写入两份

---

① Robert Lawrence Kuhn. The "Silk Road Economic Belt" Strategy：Actualizing President Xi Jinping's Foreign Policy [EB/OL]. *China Go Abroad*，2014-6-20.

② Amrita Jash. China's "One Belt，One Road"：A Roadmap to 'Chinese Dream? [J]. *Indra Stra Global*，2016（02）.

③ 中国人民大学重阳金融研究院. 国外学者谈"一带一路" [J]. 中国经济报告，2015（04）：90-94.

安全决议。

"一带一路"建设思想与联合国 2030 年可持续发展目标等国际主流发展议程，在伦理、理念、目标、实施手段等方面高度契合。两者都致力于促进经济增长和社会发展，提升人民福祉；都坚持公平、开放、合作、共赢等核心理念；都主张尊重各国的基本国情和优先发展领域，本着务实的精神，制订符合自身情况的发展方案；都明确将基础设施建设、产能合作、经贸合作、海洋合作等作为未来的工作重点。"一带一路"是推动落实联合国 2030 年可持续发展目标、促进全球共同发展的重要公共平台。

第三节 "一带一路"的内容与愿景

"一带一路"倡议是新时期中国全方位对外开放的旗帜和主要载体，也是我国推动世界经济治理改革的尝试。2013 年正式提出，其影响越来越大。在 2015 年进入正式实施阶段以后，取得了丰硕的成果。中国的快速稳定发展，正带动整个"一带一路"沿线国家快速发展，"一带一路"的朋友圈越来越大，建设建成的项目越来越多，制度建构越来越完善，互联互通初见成效，各国合作程度加深，沿线国家文化交流加强，民心越来越紧密地联系起来。实践表明，"一带一路"是坚持和平发展的中国贡献给世界的一份重要礼物。它肩负着"探寻后危机时代全球经济增长之道，实现全球化再平衡，开创 21 世纪地区合作新模式"三大使命，① 致力于为未来的世界创造出和谐共赢、友好交往的美好图景。

一、"一带一路"倡议出台始末

2013 年 4 月 7 日，习近平在博鳌亚洲论坛 2013 年年会上发表的主旨演讲中指出，中国将"加快同周边国家的互联互通建设，积极探讨搭建地区性融资平台，促进区域内经济融合，提高地区竞争力""将积极参与亚洲区域合作进程，坚持推进同亚洲之外其他地区和国家的区域次区域合作""将继续倡导并推动贸易和投资自由化便利化，加强同各国的双向投资，打造合作新亮点"②。这是我国领导人首次在公开场合提出中国自己立足亚洲、面向世界的扩区域经贸的合作设想。

随后，"一带一路"正式纳入国家发展议程，其政策思路和顶层设计逐步成型。2013 年 11 月，党的十八届三中全会通过《中共中央关于全面深化改革若干重大问题的决定》，明确指出"建立开发性金融机构，加快同周边国家和区域基础设施互联互通建设，推进丝绸之路经济带、21 世纪海上丝绸之路建设，形成全方位开放新格局"。12 月，在中央经济工作会议上，"一带一路"成为专有名词。2014 年 3 月，李克强总理在政府工作报告中提出，要开创高水平对外开放新局面，抓紧规划建设丝绸之路经济带、21 世纪海上丝绸之路，推出一批重大支撑项目，加快基础设施互联互通，拓展国际经济技

---

① 王义桅. 世界是通的："一带一路"的逻辑 [M]. 北京：商务印书馆，2016：45.
② 习近平. 习近平谈治国理政 [M]. 北京：人民出版社，2014：114.

术合作新空间。11 月，习近平在中央财经委员会第八次会议上强调，"一带一路"倡议顺应了时代要求和各国加快发展的愿望。2015 年 2 月 1 日，在"一带一路"建设工作会议上确立成立一个高规格建设工作领导小组。

2015 年 3 月 28 日，在博鳌亚洲论坛上，经过国务院授权，国家发展和改革委员会、外交部和商务部共同发布了《推动共建丝绸之路经济带和 21 世纪海上丝绸之路的愿景与行动》，阐述了"一带一路"的时代背景、共建原则、框架思路、合作重点、合作机制、中国各地的开放态势、中国政府的积极行动以及未来的发展前景。这是推动"一带一路"建设的首个官方文件。随后，国家税务总局、交通运输部、自然资源部等各部门积极制定配套政策并快速落实。[①] 7 月 1 日，"一带一路"建设推进工作会议，正式划定新亚欧大陆桥、中蒙俄、中国—中亚—西亚、中国—中南半岛、中巴、孟中印缅六大国际经济走廊为"一带一路"的重点推进方向。至此，"一带一路"倡议制定完善，开始进入全面推进阶段。

"一带一路"倡议能够快速推进，离不开我国长期在周边区域合作事业中的耕耘。在陆上丝绸之路沿线，随着中哈铁路、中吉乌铁路、中国西部—欧洲西部公路等的建设，中国与丝路沿线国家的交通联系日益紧密。2001 年 6 月 15 日，中国、俄罗斯、哈萨克斯坦、乌兹别克斯坦、吉尔吉斯斯坦、塔吉克斯坦在"上海五国"会晤机制的基础上成立了上海合作组织，致力于加强成员国之间的全方位

---

① 陈江生，田苗."一带一路"战略的形成、实施与影响 [J]. 中共党史研究，2017（02）：5-13.

合作。随后，印度、伊朗、巴基斯坦、阿富汗、蒙古、土耳其、斯里兰卡、白俄罗斯、柬埔寨、阿塞拜疆、亚美尼亚、尼泊尔等国先后加入成为观察员国和对话伙伴国，覆盖领域与"丝绸之路经济带"部分重合。上海合作组织的最初定位是地区性安全组织，但在原有的安全合作基础上，各成员国之间也开展了经济、文化等多领域的合作，并形成了"互信互利、平等协商、尊重多样文明、谋求共同发展"的"上海精神"，为进一步全面合作奠定了物质和思想基础。

在海上丝绸之路范围内，中国与东盟的合作奠定了坚实的基础。2000 年，中国开启了中国—东盟自贸区的建设，与东盟在政治、经济领域形成了多方位、多层次的合作框架。2004 年，中越两国达成建设"两廊一圈"的决定，逐步改善昆明、老才、河内和海防的铁路和公路设施。2010 年，中柬两国建立全面战略合作伙伴关系。2012 年，中泰两国建立全面战略合作伙伴关系。2010 年，东盟提出互联互通总体规划，以东盟高速公路网络、新加坡昆明铁路、东盟宽带走廊为重点项目，加强东盟各国之间的基础设施建设、政策及人文之间的互联互通。2011 年 11 月 18 日，中国—东盟海上合作基金成立，为中国和东盟海上互联互通建设、推动双方在海洋安全领域的对话与合作、推动双方在海洋人才培养和海洋科学方面的研究合作提供了持续性的资金支持。

正是由于存在这些前期的合作基础，"一带一路"倡议一经提出，即获得有关方面的强烈而积极的反响。在中亚方面，2014 年 5 月，哈萨克斯坦总统纳扎尔巴耶夫表示："哈方积极支持和参与丝绸之路经济带建设，拉动经贸、交通和边境口岸基础设施建设、金融等领域合作。"① 乌兹别克斯坦总统卡里莫夫表示:"乌方愿积极参与建设丝绸之路经济带,促进经贸往来和互联互通,把乌兹别克斯坦的发展同中国的繁荣更紧密联系在一起。"②

在南亚区域,2013 年,中国与巴基斯坦提出共建"中巴经济走廊"以加强两国互联互通,促进两国共同发展,"一带一路"提出后,"中巴经济走廊"成为"一带一路"建设的旗舰项目。2014 年 5 月,巴基斯坦总统侯赛因表示:"巴中经济走廊建设进展顺利,巴方愿为加快实施有关项目提供便利,希望双方加强电力合作。中巴经济走廊建设是丝绸之路经济带和 21 世纪海上丝绸之路倡议重要组成部分。"③ 2014 年 6 月,孟加拉国总理哈西娜表示:"孟方赞同中方提出的'一带一路'重要倡议。孟中印缅经济走廊对南亚地区经济发展也具有重要意义,孟方愿积极参与。"④

在欧洲地区,2014 年 3 月 31 日,习近平访问欧盟总部期间,中欧双方发表了《关于深化互利共赢的中欧全面战略伙伴关系的联合声明》,指出"中欧加强交通运输关系潜力巨大,双方决定共同挖掘中国丝绸之路经济带倡议与欧盟政策的契合点,探讨在丝绸之路经济带沿线开展合作的共同倡议"。随后,习近平在欧洲学院发表演讲,对欧洲其他各国提出倡议,认为应将丝绸之路和中欧合作完美地融合在一起,从而创建亚欧大市场,并积极利用亚欧的资源,促

---

① 杜尚泽,赵成. 习近平同哈萨克斯坦总统纳扎尔巴耶夫举行会谈指出深化中哈战略合作大有可为 [N]. 人民日报, 2014-05-20 (002).
② 杜尚泽,郝洪. 习近平会见乌兹别克斯坦总统 [N]. 人民日报, 2014-05-21 (001).
③ 杜尚泽,赵成. 习近平会见巴基斯坦总统 [N]. 人民日报, 2014-05-23 (001).
④ 赵明昊. 习近平会见孟加拉国总理哈西娜 [N]. 人民日报, 2014-06-11 (001).

进中欧经济共同增长，并进一步促进全球经济发展。① 6 月，意大利总理伦齐访华期间认为，"习近平总书记提出的共同建设丝绸之路经济带的倡议富有创意……丝绸之路经济带对加强亚欧各国经贸合作的重要性不言而喻，建设丝绸之路经济带也是加强东西方文化、政治交流的好机会"②。12 月，在第三次中国—中东欧国家领导人峰会期间，中国与 16 个中东欧国家发表了《中国—中东欧国家合作贝尔格莱德纲要》，全面强化与中东欧国家在基础设施、交通、能源、金融等领域的合作。塞尔维亚驻华大使米兰·巴切维奇表示，"'一带一路'倡议从本质上确定了中国同包括塞尔维亚在内的本地区国家政治经济合作的未来发展和优先方向，塞尔维亚将继续在未来充当连接中国和欧洲的桥梁"。

阿拉伯国家也积极表示支持和参与。2014 年 6 月，《中国—阿拉伯国家合作论坛第六届部长级会议北京宣言》指出，"阿方欢迎中方关于建设'丝绸之路经济带'和'21 世纪海上丝绸之路'的倡议，双方愿进一步扩大中阿双边贸易和相互投资，并重点在以下领域积极开展合作：推进基础设施建设，推动中阿产业合作发展，特别是深化能源、金融、人力资源领域合作。"③ 2016 年，中国与沙特阿拉伯、埃及和伊朗分别签署了《关于共同推进"一带一路"建设的谅解备忘录》，并与沙特阿拉伯和土耳其签署了《关于加强海上丝绸之路建设的谅解备忘录》，沙特阿拉伯、埃及和伊朗表示愿成为"一带

---

① 习近平. 在布鲁日欧洲学院的演讲 [N]. 人民日报，2014-04-02（002）.
② 外国政要谈"丝路共建"[N]. 人民日报，2014-07-02（005）.
③ 中国—阿拉伯国家合作论坛第六届部长级会议北京宣言 [N]. 人民日报，2014-06-06（002）.

一路"通往非洲和欧洲的支点。

其他国家也对"一带一路"倡议表现出极大热情。2015 年 7月，津巴布韦副总统姆南加古瓦访问青岛，举行了"通商青岛新丝路，经济合作新伙伴"津巴布韦—青岛商务对话会，并与青岛市政府签署了《关于津巴布韦经济特区与工业园项目备忘录》。12 月，习近平访问南非期间，两国签署了 26 项合 419 亿元的"海上丝绸之路"合作项目协议，涵盖基础设施建设、能源、通信、金融等多个领域。2018 年 1 月，第二届中国—拉美和加勒比国家共同体论坛部长级会议在智利举行，会议通过了《圣地亚哥宣言》《中国与拉美和加勒比国家合作（优先领域）共同行动计划（2019—2021）》和《"一带一路"特别声明》3 份成果文件。很多拉美国家表示，"一带一路"是一个伟大倡议，非常希望参与其中。

"一带一路"倡议也得到了国内的积极响应，各省市根据自身比较优势纷纷提出参与"一带一路"的规划和设想，实行更加积极主动的开放战略。例如，陕西提出打造"一带一路"新起点和桥头堡、甘肃提出打造"一带一路"黄金段、宁夏提出打造"一带一路"战略支点、青海提出打造"一带一路"向西开放型经济升级版、新疆提出打造"一带一路"核心区、四川提出打造"一带一路"交通枢纽和经济腹地、福建提出打造"一带一路"互联互通枢纽、江苏提出打造"一带一路"交汇点、浙江提出打造"一带一路"经贸合作先行区和贸易物流枢纽区、广东提出打造"一带一路"倡议枢纽、经贸合作中心和重要引擎、广西提出打造"一路"新门户和新枢纽等。"一带一路"规划共涉及国内 18 个省市自治区，在这一框架下，它们致力于连接关键城市节点，形成互动合作的网状格局，使中国中西部地区、东部地区和沿线国家联在一起，加速资金、技术、人才等国际国内生产要素有序自由流动，优化国内区域经济布局，加强东中西互动合作，促进各地区协调发展、协同发展、共同发展。

二、"一带一路"倡议的总体框架

2015 年 3 月出台的《推动共建丝绸之路经济带和 21 世纪海上丝绸之路的愿景与行动》，规划了"一带一路"建设的基本原则、重点方向和合作领域。2017 年 5 月，首届"一带一路"国际高峰论坛确立了"六大经济走廊"的建设框架。2019 年 4 月，第二届"一带一路"国际合作高峰论坛上，提出"六廊六路多国多港"的新概念、新合作格局。至此，"一带一路"建设主体框架趋于完成，"一带一路"合作的导向日益清晰。

（一）"五条线路"勾画范围

"一带一路"通过"丝绸之路经济带"的 3 条陆上线路和"21 世纪海上丝绸之路"的 2 条海上线路，搭建起跨地区的网状连接纽带。

"丝绸之路经济带"横跨亚欧大陆，形成了连接两端的北通道、中通道和南通道。

北通道从中国西北、东北经中亚、俄罗斯至欧洲、波罗的海。其主通道为：中国环渤海经济圈—山西大同—内蒙古呼和浩特、包头、额济纳—新疆伊吾、巴里坤、将军庙、富蕴、阿勒泰地区—哈萨克斯坦厄斯克门—俄罗斯鄂木斯克、莫斯科、圣彼得堡—芬兰赫尔辛基。支线为：新疆克拉玛依、塔城—哈萨克斯坦阿亚古孜、卡拉干达—俄罗斯车里雅宾斯克、莫斯科—白俄罗斯明斯克—波兰华沙—德国柏林—荷兰鹿特丹。

中通道从中国西北经中亚、西亚至波斯湾、地中海。其主通道为：中国长三角经济圈—河南郑州—陕西西安—甘肃兰州—新疆哈密、吐鲁番、乌鲁木齐、奎屯、精河、霍城—哈萨克斯坦阿拉木图—乌兹别克斯坦塔什干—土库曼斯坦捷詹—伊朗马什哈德、德黑兰（支线自德黑兰通波斯湾沿岸霍梅尼港）—亚美尼亚埃里温—土耳其安卡拉—法国巴黎、勒阿弗尔。支线为：新疆吐鲁番、库尔勒、喀什—吉尔吉斯斯坦奥什—乌兹别克斯坦安集延、塔什干。

南通道从中国西南经中南半岛至印度洋。主通道为：中国珠三角经济圈—湖南长沙、怀化—重庆—四川成都、阿坝—青海格尔木--新疆若羌、且末、和田、喀什—巴基斯坦伊斯兰堡、卡拉奇、瓜达尔港。支线为：新疆吐鲁番、库尔勒、阿克苏—巴基斯坦瓜达尔港。

"21世纪海上丝绸之路"通过重要的海上航线把太平洋、印度洋和大西洋连接起来。一条是从中国沿海港口过南海，经马六甲海峡到印度洋，延伸至欧洲；另一条是从中国沿海港口过南海，向南太平洋延伸。目前建成的主要航线为：福建泉州、福州—广东广州—海南海口—广西北海—越南河内—马来西亚吉隆坡—印度尼西亚雅加达—斯里兰卡科伦坡—印度加尔各答—肯尼亚内罗毕—希腊雅典—意大利威尼斯。

（二）"六大经济走廊"确立重点

根据"一带一路"的走向，规划在陆上依托国际大通道，以沿线中心城市为支撑，以重点经贸产业园区为合作平台，共同打造六大经济走廊。六大走廊各有侧重，有的侧重于能源资源建设，有的侧重于港口建设，对于构建跨欧亚大陆经济圈具有重要的意义。

1. 中蒙俄经济走廊

该经济走廊包含两个通道，一是华北通道，从京津冀到呼和浩特，再到蒙古和俄罗斯；二是东北通道，沿着老中东铁路从大连、沈阳、长春、哈尔滨到满洲里和俄罗斯赤塔。

2. 新亚欧大陆桥经济走廊

该走廊途经山东、江苏、安徽、河南、陕西、甘肃、青海、新疆8个省、区，65个地市州的430多个县市，到中哈边界的阿拉山口出国境；随后可经3条线路抵达荷兰的鹿特丹港，全长10900千米，辐射亚欧30多个国家和地区。

3. 中国—中亚—西亚经济走廊

该走廊从新疆出发，抵达波斯湾、地中海沿岸和阿拉伯半岛，主要涉及中亚五国和西亚的伊朗、沙特阿拉伯、土耳其等17个国家和地区。

4. 孟中印缅经济走廊

该走廊连接东亚、南亚、东南亚三大次区域，沟通太平洋、印度洋两大海域，直接辐射东亚、南亚、东南亚、中亚几个大的市场。

5. 中国—中南半岛经济走廊

该走廊是通向海上丝绸之路的通道,东起珠三角经济区,通过广东、广西,到河内、新加坡,以沿线中心城市为依托,以铁路、公路为载体和纽带,以人流、物流、资金流、信息流为基础,共同发展的区域经济体。

6. 中巴经济走廊

该经济走廊是通向海上丝绸之路的重要通道,为中国进入印度洋提供便利,是连通欧洲、非洲和中东的最短途径。

(三)"六路多国多港"建设立体网络

"六路",指铁路、公路、水路、空路、管路(油气管线)和信息高速路六种物资、人员和信息通道。"多国"指"一带一路"的朋友圈,即与中国签约共建的国家和国际组织。"多港"指若干保障海上运输大通道安全畅通的合作港口。通过这三方面的建设,"一带一路"在全球范围内构建立体网络和多元节点,促进合作与繁荣。

在铁路方面,中国的基础建设实力和高铁技术及运营标准征服了世界许多国家。匈塞铁路是中国与中东欧国家合作的旗舰项目,连接匈牙利首都布达佩斯和塞尔维亚首都贝尔格莱德,全长 350 千米,最高时速 200 千米,于 2015 年底启动,由中国铁路总公司牵头组成的中国企业联合体承建。目前已开通三个运营区段。亚吉铁路、蒙内铁路、内马铁路等穿越东部非洲的铁路逐一竣工,非洲六国正在实现互联互通,破解发展落后的困局。中老铁路、中泰铁路、雅万高铁等合作项目也开展顺利。特别是 2011 年 3 月开通的中欧班列，联通了中国 62 个城市和欧洲 21 个国家。从中国任何一个城市出发，都可以通过三个口岸（西部的阿拉善口、东部的满洲里、中部的二连浩特），经过中亚、白俄罗斯、俄罗斯，到达欧洲任何一个国家。在 2020 年全球抗击新冠肺炎疫情的关键时刻，中欧班列更成为沿线国家和地区携手抗击疫情的"生命通道""命运纽带"。中欧班列累计开行超万列，运送集装箱 927 万标箱，其中运送医疗物资近 800 万件、6 万多吨。①

在"多国"方面，"一带一路"的朋友圈不断扩大。截至 2021 年 3 月底，中国已与 171 个国家和国际组织签署了 205 份共建"一带一路"合作文件。2016 年 11 月，第 71 届联合国大会通过决议，欢迎"一带一路"等经济合作倡议，呼吁国际社会为"一带一路"倡议建设提供安全保障环境。2019 年 3 月，意大利正式加入"一带一路"建设，成为七国集团中首个加入的国家。希腊也加入中国—中东欧合作机制，让"16+1"合作升级为"17+1"，在西方国家接连引起巨大的反响。

在"多港"方面，中国在东南亚、南亚、中东、欧洲以及非洲等地区积极参与当地港口建设，共建了一批具有战略意义的合作港口和节点城市。2015 年，中国获得巴基斯坦瓜达尔自贸区土地开发使用权，2016 年 11 月，瓜达尔港正式开航，深水港口和国际机场建设完成。2016 年 4 月，中国获得希腊比雷埃夫斯港运营权，进行大规模投资改建，使其成为地中海规模最大，效率最高的港口。2017 年，中国获得斯里兰卡汉班托塔港特许经营权。2017 年 8 月，吉布

---

① 持续推进高质量共建"一带一路"[N].人民日报，2020-12-27（003）.

提港作为我国首个海外保障基地投入使用，具有重要的地缘政治意义。2021年3月底，中国与伊朗签署了一份为期25年的全面合作协议，计划在格什姆岛等地设立自由贸易区，合作开发哈巴特尔港。

（四）"五通"构建丰富内容

《推动共建丝绸之路经济带和21世纪海上丝绸之路的愿景与行动》指出，"一带一路"建设的重点是"五通"，通过互联互通，各国方能有效打破隔阂、管控分歧，推动实现更大范围、更高水平、更深层次的区域合作，实现开放有序、稳定和谐、互利共赢的发展目标。

政策沟通是共建"一带一路"的合作前提。中国通过与各个国家签署双边、多边合作协议，与不同国家自身的发展战略对接，与既有的区域性合作组织建立稳定联系等方式，实现政策沟通。

设施联通是共建"一带一路"的现实基础。"一带一路"建设首先要重点投资基础设施建设，逐步形成高效的区域交通网络。这部分内容在"六路"中已有充分阐述。

贸易畅通是共建"一带一路"的重要诉求。"一带一路"的基本合作形式是通过加强沿线各国经贸合作，改善营商环境，为经济发展提供新动力。据中国国家信息中心统计，2013—2018年，中国与"一带一路"沿线国家贸易额达69756.23亿美元，新签对外承包工程合同额超过5000亿美元，境外经济合作区增加到82个，对外直接投资超过800亿美元。2019年，中国对"一带一路"沿线国家进出口总额92690亿美元。2020年，中国与"一带一路"沿线国家货物贸易额达 1.35 万亿美元，占我国总体外贸比重的 29.1%；全年对沿线国家非金融类直接投资 177.9 亿美元，占全国对外投资比重的 16.2%；在"一带一路"沿线国家承包工程完成营业额 911.2 亿美元，占全国对外承包工程的 58.4%。同时，"一带一路"沿线国家企业也看好中国发展机遇，在华新设企业 4294 家，直接投资达 82.7 亿美元①。

资金融通是共建"一带一路"的物质保障。"一带一路"涉及大量基础设施建设项目，建设周期长、投资规模大，具有较高的金融风险，在既有金融结构下存在融资困难的问题，需要沿线各国深化金融合作，推进建立统一完善的金融体系。中国政府成立亚洲基础设施投资银行、丝路基金等金融机构联合其他国家金融部门为共建项目提供资金支持和风险保障。

民心相通是共建"一带一路"的情感纽带。"一带一路"沿线国家文化背景、价值观念不尽相同，通过文化交流，包括教育、科学、文化、民生等多领域合作，促进民间友好交往，是获得各国人民认同和支持的重要途径。

在教育合作方面，中国已经和俄罗斯、印度尼西亚等国家和 46 个国际重要组织开展教育合作，互派留学生、促进高校合作办学等交流形式日益常态化。设立"丝绸之路"奖学金，承诺向"一带一路"沿线国家每年提供 10000 个奖学金名额。2015 年，复旦大学、北京师范大学、兰州大学和俄罗斯乌拉尔国立经济大学、韩国釜庆

---

① 陈鹰. 2020 年我国推动共建"一带一路"取得新进展新成效［N］. 中国经济导报，2021-03-31.

大学等 47 所中外高校共同发起成立了"一带一路"高校战略联盟，旨在搭建教育信息、学术资源共享交流合作平台，共同打造"一带一路"高等教育共同体，推动各国大学之间的全面交流合作。

在科技合作领域，已启动多个科技伙伴计划，搭建技术转移平台，共建实验室、科技园区等。2013 年起，中国科学院启动实施了"发展中国家科教合作拓展工程"和"一带一路"科技合作计划。2017 年 5 月，中国政府颁布了《"一带一路"科技创新合作行动计划》。

在文化合作领域，"一带一路"用文化交流超越文化隔阂。2016 年文化和旅游部发布《"一带一路"文化发展行动计划》，为文化交流制订了详细的规划方案，成立了丝绸之路国际剧院联盟、丝绸之路国际图书馆联盟、丝绸之路国际博物馆联盟、丝绸之路国际美术馆联盟、丝绸之路国际艺术节联盟、丝绸之路国际艺术院校联盟等一系列文化交流平台。[①] 积极与沿线国家互办文化年、艺术节等交流活动，如丝绸之路（敦煌）国际文化博览会、丝绸之路国际电影节、丝绸之路文物展等。中国政府宣传部门、广电机构和新闻媒体精心制作了一批"一带一路"题材重点影视作品，立足国际视野，注重突出国际性。如中央电视台大型纪录片《"一带一路"》，上海电视台、广东电视台和泉州电视台联合制作的纪录片《海上丝绸之路》等。还与沿线国家签订了 76 份双边文化旅游合作文件，各省（区、市）与 60 余个沿线国家共建 1000 余对友好城市。

---

① 国家图书馆研究院. 文化部"一带一路"文化发展行动计划发布 [J]. 国家图书馆学刊, 2017（01）: 46.

在民生领域，针对"一带一路"国家人民的迫切需求，开展了送医送药、技能培训、环境保护等援助活动。先后实施了"光明行""爱心行""甘泉行""幸福泉""爱心包裹""幸福家园""太阳村""绿色使者计划"，以及赴南太平洋岛国"送医上岛"、中巴急救走廊建设等一批项目。

（五）多个金融平台夯实基础

"一带一路"是一个内容丰富、前景广阔的国际性战略项目。陆上方向横跨欧亚，延伸至非洲，中东欧、欧盟、中东、阿拉伯国家联盟等均在其中；海上方向西经东南亚、南亚至印度洋，延伸至欧洲，南经南海、印度尼西亚抵南太平洋。这一区域诸多国家都属于不发达国家。为应对融资需求，中国牵头成立了亚洲基础设施投资银行（亚投行）和丝路基金，共同构成了推进"一带一路"建设的坚实金融基础。

2014 年 10 月 24 日，中国、新加坡、印度等 21 个首批意向创始成员国在北京签约设立亚投行。2015 年 12 月 25 日，亚投行正式成立，法定资本为 1000 亿美元，截止到 2020 年 7 月，亚投行有 103 个成员国，已经成为仅次于世界银行的全球第二大多边开发机构。

2016 年 1 月 16 日，习近平在亚投行开业仪式上发表致辞，指出"亚投行的开业为构建人类命运共同体提供了新的更加广阔的平台。"6 月 25 日，亚投行批准首批四个项目，共投资 5.09 亿美元。

2014 年 11 月，习近平在 2014 年中国 APEC 峰会上宣布，中国将出资 400 亿美元成立丝路基金，为"一带一路"沿线国家基础设施、资源开发、产业合作和金融合作等与互联互通有关的项目提供投融资支持。12月29日，丝路基金正式在北京成立。目前，丝路基金总规模达3000多亿元，投资范围已扩大到亚洲、欧洲、非洲等地区的产业合作、资源利用、基础设施建设等领域。特别在2020年，丝路基金对许多国家进行贷款和援助，起到了重要的示范作用。

金砖国家银行由中国、巴西、俄罗斯、印度、南非"金砖五国"共同设立。2010年4月，中国国家开发银行与巴西开发银行、俄罗斯外经银行和印度进出口银行在巴西利亚共同签署合作备忘录，正式成立金砖国家银行合作机制。2011年4月，南非南部非洲开发银行加入。2015年7月21日，金砖国家新开发银行开业，初始资本1000亿美元，由5个创始成员平均出资，总部设在中国上海。金砖国家银行主要面对金砖国家和其他发展中国家，投资基础设施建设和可持续发展项目。

中国—东盟投资合作基金于2010年4月成立并开始运营，是经国务院批准、国家发改委核准的离岸美元股权投资基金，由中国进出口银行作为主发行人，连同国内外多家投资机构共同出资成立。基金主要投资于东盟地区的基础设施、能源和自然资源等领域，包括交通运输、电力、可再生资源、公共事业、电信基础设施、管道储运、公益设施、矿产、石油天然气、林木等。资金募集的目标总规模为100亿美元，一期募集资金10亿美元，于2015年结束投资期。二期成立于2018年，目标规模10亿美元，由中国路桥工程与中国进出口银行共同发起设立。

中国—东盟海上合作基金于2011年11月成立，由中国政府为推进双方务实合作而设立，资金规模为 30 亿元。该基金在建设"21世纪海上丝绸之路"中发挥着时代使命，为中国和东盟海上互联互通建设、推动双方在海洋安全领域的对话与合作、强化双方在海洋人才培养和海洋科学方面的研究与合作提供持续性的资金支持。

此外，中国还于 2014 年 9 月设立中国—欧亚经济合作基金，资金规模为 50 亿美元，主要投资于上海合作组织成员国、观察员国和对话伙伴国，并逐步扩展到丝绸之路经济带域内国家，主要投资行业为能源资源及其加工、农业开发、物流、基础设施建设、信息技术、制造业等。2015 年 9 月设立"南南合作援助基金"，首期提供 20 亿美元，支持发展中国家落实 2015 年后发展议程，2017 年又增资 10 亿美元。该基金主要在区域内实施精准援助计划，已向沿线国家实施了"幸福家园""爱心助困""康复助医"等 300 多个助困项目。① 2015 年 12 月设立"中非产能合作基金"，首批资金 100 亿美元。作为中长期开发投资基金，通过以股权为主的多种投融资方式，服务于非洲的"三网一化"建设，覆盖制造业、高新技术、农业、能源、矿产、基础设施和金融合作等各个领域。2016 年成立的中国与东欧"16+1"金融控股公司，启动项目信贷资金 500 亿欧元，以商业化运行模式支持中国装备的采购和产品产能的合作互通。2017年 5 月，在首届"一带一路"国际合作高峰论坛上，中国财政部与亚洲开发银行、欧洲复兴开发银行、欧洲投资银行、世界银行集团等 6 家多边金融机构签订了与"一带一路"倡议相关行业合作的谅

---

① 胡宗山，聂锐."一带一路"倡议：成就、挑战与未来创新［J］. 社会主义研究，2019（06）：162-170.

解备忘录。

三、"一带一路"的愿景与特点

当前世界正在发生复杂的变化，国际经济格局、能源格局及贸易投资格局都已经进入全方位的调整，合作共赢已经成为新时代的心声。"'一带一路'倡议的互联互通项目将推动沿线各国发展建设的对接与耦合，发掘区域内市场的潜力，促进投资和消费，创造需求和就业，增进沿线各国人民的人文交流与文明互鉴，让各国人民相逢相知、互信互敬、共享和谐、安宁、富裕的生活"。① "一带一路"依托中国发展优势和外交经验，致力于创新型国际合作模式。

(一)"一带一路"的合作是共赢的

《推动共建丝绸之路经济带和21世纪海上丝绸之路的愿景与行动》指出：共建"一带一路"，要"恪守联合国宪章的宗旨和原则。遵守和平共处五项原则，即尊重各国主权和领土完整、互不侵犯、互不干涉内政、和平共处、平等互利"。

和平共处五项原则以及和平合作、开放包容、互学互鉴、互利共赢的"丝路精神"，都是中国对世界外交理念的重要贡献。它彰显的是尊重各国自身利益，携手发展、合作共赢的美好愿景。"在国际关系中，要妥善处理义和利的关系。政治上要秉持公道正义，坚持平等相待，经济上要坚持互利共赢、共同发展，摒弃过时的零和思

---

① 国家发展改革委，外交部，商务部. 推动共建丝绸之路经济带和21世纪海上丝绸之路的愿景与行动 [M]. 北京：人民出版社，2015：4.

维。既要让自己过得好，也要让别人过得好。"① "一带一路"建设正是依据这一理念，秉承"共建、共商、共享"的原则，以新的方式推进区域经济合作，共同打造利益共同体、责任共同体和命运共同体。

"共商"即沿线国家均有参与合作的权利，鼓励大家抛弃成见，集思广益，兼顾各方利益和关切，体现各方智慧和创意。充分尊重沿线国家的自主选择权，在共同讨论中凝聚共识，克服阻力，深入推进各方合作，以期缩小发展差距，实现命运与共。

"共建"即鼓励各方共同参与，沿线各国都要参与其中，鼓励企业、民间组织、个人发挥自身优势。使人才、资源能够最大化合理配置，从而产生整体大于部分的效果。

"共享"就是坚持互利共赢，寻求利益结合点与合作的最大公约数。让中国与沿线国家享受到区域经济发展的利益与好处，都能够分享区域经济发展带来的红利。

"一带一路"建设的是一种包容性全球化。它重视政府的作用，特别是在维系社会公平和减少贫困方面的作用；它推崇发展道路选择的多样性，鼓励每个国家根据自身的特点探索适宜的发展道路，并与其他国家优势互补；它遵循"和而不同"的观念，在维护文化多样性的基础上共谋发展、共求繁荣、共享和平。

（二）"一带一路"的合作是开放的

"一带一路"倡议是一个由政府主导，以企业为主体，由民间参

---

① 习近平在韩国国立首尔大学发表重要演讲［N］. 人民日报，2014-07-05（001）.

与的大战略。它弘扬古丝绸之路和平友好、开放包容的精神，致力于打造开放、包容的国际性合作网络，创新合作形式，灵活推动共同发展。它不是实体机制，而是一个广阔、务实、高效的平台，欢迎各类主体的加入。

首先，"一带一路"的外延是开放的。它不设排他性的苛刻规则，不限国别范围，不搞封闭机制，任何有合作意愿的国家、地区和国际组织均可参与进来。"'一带一路'相关的国家基于但不限于古代丝绸之路的范围，各国和国际、地区组织均可参与，让共建成果惠及更广泛的区域"。经过多年的发展，"一带一路"的合作已突破丝绸之路沿线国家的限制，"朋友圈"遍及亚、欧、非、美各大洲。

政府是"一带一路"建设的主导，但各种民间力量也积极参与其中。中国民间组织国际交流促进会颁布了《中国社会组织推动"一带一路"民心相通行动计划（2017—2020）》，和150多家中外民间组织共同成立"丝路沿线民间组织合作网络"，在文化交流、民心互通方面做出突出贡献。2015年4月，国务院发展研究中心、中国社会科学院、复旦大学联合国内60多家涉及"一带一路"研究的智库和研究机构成立了"一带一路"智库合作联盟，围绕"一带一路"建设开展政策性、前瞻性研究，增进国家间政策沟通，同时致力于以智库交往带动人文交流。

其次，"一带一路"的内涵是开放的。作为一项综合性合作工程，它涉及贸易、投资、金融、交通、人文等诸多领域，并随着时代发展而不断扩展。从"五路""五通"到"六路六廊多国多港"，"一带一路"的建设内容一直在调整、扩展和深化。

信息高速公路推动了"数字丝绸之路"的建设，2020年全球疫情突出了"健康丝绸之路"的意义。二者结合大数据、云计算、区块链、人工智能等前沿技术为加强新冠肺炎疫情联防联控、优化公共卫生体系发挥了重要作用。

我国还坚持绿色发展理念，将"一带一路"建设融入生态文明发展中。2015年成立"一带一路"生态环境领导保护小组，2017年我国生态环境部、外交部等部门联合发布《关于推进绿色"一带一路"建设的指导意见》。我国生态环境部已与多个国家和国际组织达成绿色合作共识，联合国环境规划署和中国生态环境部共同建立的"一带一路"绿色发展联盟专注于绿色项目、绿色治理等议题研究。沿线国家还共同发起了绿色丝路使者计划，定期召开绿色发展论坛、环境治理论坛等重大会议，聚焦绿色管理、污染治理等议题。

习近平主席在2018年中非合作论坛北京峰会开幕式上的主旨讲话中指出，"一带一路"是"和平、繁荣、开放、绿色、创新、文明之路"。[①] 它将坚持开放性的理念，不断深化合作内容、拓展合作领域，为构建人类命运共同体做出独特的贡献。

（三）"一带一路"的合作是务实的

"一带一路"的基本合作理念是"战略对接"，即不另起炉灶，而是依托区域性合作组织，与伙伴国和地区各自的发展战略对接，寻找利益契合点和发展相关性。这种合作的务实性，使"一带一路"获得越来越多的认可。

---

① 习近平：携手共命运 同心促发展 [N].人民日报，2018-09-07（002）.

2015 年 1 月，俄罗斯、哈萨克斯坦、白俄罗斯 3 国成立欧亚经济联盟，后亚美尼亚、吉尔吉斯斯坦加入。该联盟计划到 2025 年实现商品、服务、资金和劳动力的自由流动，终极目标是建立类似于欧盟的经济联盟和统一市场。2015 年 5 月，中俄两国发表《关于中国丝绸之路经济带建设与欧亚经济联盟建设对接合作的联合声明》，正式确立合作关系。2017 年，习近平在会见吉尔吉斯斯坦总统时指出，应该将"一带一路"建设和欧亚经济联盟完美融合在一起。

2014 年 11 月，欧盟委员会主席容克公布了总额达 3150 亿欧元的"欧洲投资计划"，也称"容克计划"，旨在促进基础设施、新能源、信息技术等领域的投资，复兴欧盟经济。2015 年 6 月，李克强总理前往欧盟总部，商讨"一带一路"与"容克计划"的对接，双方决定建立中欧共同投资基金。

2017 年，"一带一路"与东盟"互联互通总体规划 2025"对接。此外，亚太经合组织"互联互通蓝图"、联合国"2030 年可持续发展议程"等，都与"一带一路"建立了合作关系。

"一带一路"还实现了与诸多国家自身发展规划的对接。如哈萨克斯坦的"光明之路"、蒙古国的"发展之路"、柬埔寨的"四角战略"、越南的"两廊一圈"、印度尼西亚的"全球海洋支点"构想、菲律宾的"大建特建计划"、印度的"季风计划"、沙特阿拉伯的"西部规划"、土耳其的"中间走廊"、塞尔维亚"再工业化战略"、波兰的"琥珀之路"、英国基础设施建设计划及"英格兰北方经济中心"等，都与"一带一路"实现了战略对接。

总之，正如习近平主席在"一带一路"五周年座谈会上所说的，

"共建'一带一路'顺应了全球治理体系变革的内在要求，彰显了同舟共济、权责共担的命运共同体意识，为完善全球治理体系变革提供了新思路新方案；推动各国加强政治互信、经济互融、人文互通，一步一个脚印推进实施，一点一滴抓出成果，推动共建'一带一路'走深走实，造福沿线国家人民，推动构建人类命运共同体"①。

---

① 习近平出席推进"一带一路"建设工作5周年座谈会并发表重要讲话［J］.紫光阁，2018（09）：2.

第三章 "一带一路"视域下的国家形象

　　随着中国综合国力的逐渐增强，中外之间交往的日益频繁，梳理中国在域外视野中的国家形象，并进一步打造好中国的国家形象，成为日益重要的课题。在全球化的时代背景下，中国已经逐渐走向世界舞台的中心，中国的"形象"也变得复杂，在不同视角的打量下，中国的国家形象话语，呈现出不同的色彩。一方面，这是因为中国本身是一个具有悠久的文化历史、体量巨大、国情复杂的大国，让人有一种"横看成岭侧成峰，远近高低各不同"的感觉；另一方面，则是我国仍处在全面复兴的过程中，变化速度之快，也增加了描述中国国家形象的难度。今天的世界舞台上，"国家形象"不仅仅具备抽象的意义，而且，日益成为国家软实力的一部分，在国际交往中，发挥着越来越重要的作用。因此，主动出击，打造好中国的国家形象，增强国际影响力，也就变得更加紧迫。

第一节 国家形象的界定及多元构成

一、国家形象的界定及多元构成

什么是国家形象？按照美国政治学家布丁（Boulding, K. E.）的观点，国家形象包含某个特定国家对自己形象的认知和国际体系中其他行为体对这个国家的认知，是两者的结合；它是一系列信息输入和输出产生的结果，是一个"结构十分明确的信息资本"[①]。国家形象有着多重层面与结构，是一种复杂的存在。它既会在各种各样的媒介上反映出来，也会深潜于人们的心理与意识中；既包括本国公众对国家的历史与现状、国家各种行为与活动及其成果做出的种种评价，又包括国家的外部公众对某一国家的评价和认定。在对国家形象的评价与认定中，既有理性认知的部分，也有感性好恶的部分。从国家交往的角度来看，国家形象一般从狭义的角度来解读，指的是在国际体系中其他行为主体对某一个国家的认知。

国家形象具备多种特征。厘清这些特征，有助于我们认识国家形象的重要性，并在实践中采取可行的措施，提升国家形象。

首先，国家形象带有鲜明的政治性。国家形象是一个国家在国际交往中形成的，国家行为本身必然带有国家的政治特征，同时，国际交往也充满了政治性因素，这就决定了国家形象必然带有鲜明

---

① Boulding K E . National Images and International Systems ［M］. 2017：121.

的政治特征。这种特征会渗透在国家形象的每一个层面中——无论是新闻媒介中的形象，还是文化艺术中的形象。同时，国家形象的政治性，还体现在国家形象是代表与维护民族利益的工具，每一个国家在对外交往过程中，必然会利用国家形象来维护自己的核心利益，因此，国家形象必然带有国家本身的政治体制与制度的特征。对内而言，良好的国家形象，能够培育本国国民的民族自尊心、自信心，激发本民族的自豪感，增强民族凝聚力，提升国民对本民族或本国政治制度与意识形态的认同感，有效地维护国家政权的稳定度与合法性。对外而言，良好的国家形象，能够为本国交往营造友好的国际气氛，增加本国在国际上的感召力和吸引力，扩大本国的国际影响力，提升国家的国际地位，从而有利于实现本国的外交目标，维护并拓展本国的国家利益。

其次，国家形象具有民族性。在国际交往中，现代国家具有鲜明的民族特点，因此，国家形象也呈现出本国民族独特的文化特征、思维特色、精神风貌、审美观念与价值观念等。国家形象中的民族特色，有时表现为本民族的悠久文化传统，如印度的国家形象中的"瑜伽""纱丽"、日本的国家形象中的"和服""武士刀"等文化符号，都源自本国的传统。在今天的国家交往中，国家形象中的民族特色，还表现为本民族的经济活动中创造出来的文化符号，如美国的好莱坞电影、迪士尼动画片，日本的小津安二郎、黑泽明的电影等。这些带有独特民族特征的国家形象符号，有助于在国际交往中展示出本民族文化的闪光点，散发出独特的魅力，吸引别国国民的注意。"越是民族的，越是世界的"，国家形象这个特点提醒我们，在树立和宣传本国形象时，要继承本民族传统文化中的优秀成分，发扬自己的个性，尊重自身的特点，而不是舍己从人，简单地抄袭别国文化，丢掉了本民族的根与魂。

国家形象具备多层性。国家形象是一个由多个层面的感性和理性的评价与认识构成的综合体。从国家形象的认知主体来看，不同的国家或同一个国家的不同公众，对同一个国家的认识与评价，很可能相去甚远。从国家形象的认知客体来看，鉴于国家本身的复杂性，国家形象本身也必然是复杂的，包含着多个层面。一个国家的经济、政治、文化、生态，都能够构成国家形象的认知客体。在下文中，我们会逐一介绍这些层次。

国家形象具备多元性。从国家形象的建构过程来分析，国家形象可以分为三个构成要素：作为评价客体的国家，传播国家形象的媒介，作为评价主体的他国民众。这三个要素中，作为评价客体的国家，其文化传统与文明范式、经济社会发展水平、意识形态与政治体制、社会文明程度，乃至于民俗文化、衣食住行等，都可能通过各种媒介，作为国家形象建构中的有效信息，被传递给他国民众，成为国家形象的要素。从传播国家形象的媒介来看，媒介对国家形象的报道、传播，必然存在着自己的价值观念与趋向，既服务于自己所在国家的利益，又受市场因素的左右，所谓的"客观中正"的新闻观念，往往是一种理想境界，或是一种宣传策略。因此，通过媒介所反映出来的国家形象，已经是一种经过"过滤"与"遴选"，甚至是歪曲后的信息的综合体。正如美国著名经济学家肯尼思·博尔丁就说过："事实上，国家形象基本上是一个谎言，或者至少是从某一角度对事实的歪曲，它可能导致易于为野蛮和罪恶来辩护。"①最后，国际形象的评价主体，对国家的认识和评价，并非完全反映出客体国家的真实信息，而是受到各种各样因素的影响：两国之间的文明差异程度、两国的外交传统与利益关系，评价主体对媒介的态度、评价主体的认知水准与立场、情感等。所有这些要素，都使国家形象具备多元性的特征，同一国家的公众对同一国家的评价可能大不相同。

国家形象的多变性。从共时的角度看，构成国家形象的信息是复杂多元的。如果从历时的角度看，一个国家的形象，在另一个特定的国家里，也必定是多变的。影响国家形象的诸多要素，在历时性的演变过程中，同样起着重要的作用。更重要的影响因子是国家和国家之间利益关系的变化，这种变化能够让特定国家的形象经历上升或沉落的过程。其次，历时性的国家形象变化，也受到两国之间密切程度的影响。当一个陌生的国家从未知之域走向另一个国家时，其形象必然是受到各种有形无形的歪曲的，随着两国接触的增加与深入，最初形成的国家形象中与客观事实不相符合的部分，会逐渐得到修正和调整，趋近国家的真实状况。

二、国家形象的多元构成

由国家形象的定义与特点可知，国家形象是一个复杂的、多元的、处于动态过程中的信息综合体，受各种因素的影响。想要在全

---

① 约瑟夫·奈. 软力量——世界政坛成功之道 [M]. 吴晓辉，钱程，译. 北京：东方出版社，2005.

球化的舞台上，打造更好的国家形象，还需要进一步分析构成国家形象的各种因素，探究国家形象的本质。

一个国家的国家形象，必然是由它内部的各种有机要素组成。在这些要素里，既有文化地理的先天要素，也有文化政治的人文要素。

首要的要素是一个国家的生态要素。一个国家的地理、气候等因素，既为一个国家的生存和延续提供了各种资源，也深刻地影响了这个国家的人文精神与文化特点。中国的民间俗语"一方水土养一方人"，形象地说出了地理生态因素对人文品格的影响，国内的地域文化如此，国家也是如此。例如，俄罗斯国土广袤，俄罗斯文学也盛产史诗性的长篇小说。日本国土面积较小，日本文学中盛产俳句等短篇文学作品。进一步分析生态要素在国家形象中的构成，可将其分为显在的国家生态形象与隐在的国家生态形象。显在的国家生态形象指的是国家的国土、山水、风物等，隐在的国家生态形象指的是生态要素影响所及的国家形象中的其他品格。在全球联系越来越紧密的今天，无论是显在的国家生态形象，还是隐在的国家生态形象，都越来越重要。例如，一个国家的生态环境保护状况，首先，会对本国国民长久、健康的生存和发展产生极大影响，其次，也对本国的国际交往、国际旅游资源的占有产生影响，甚至会影响到其他国家国民对特定国家的生态文明是否重视的评价。

我国是一个幅员辽阔的国家，版图面积在全球所有国家中占第三位，陆地面积约960万平方千米，大陆海岸线18万多千米，岛屿岸线14万多千米，内海和边海的水域面积约470多万平方千米。海域分布有大小岛屿 7600 多个，其中台湾岛最大，面积 35798 平方千米。陆地同 14 国接壤，海上与 6 国相邻。同时，我国也是资源丰富的国家。从我国最北端漠河，到最南端三沙市，跨越了寒带、温带、亚热带、热带。在我国的国土上，各种地理特征都富有独特的魅力，从青藏高原到内蒙古草原，从长江黄河到四大淡水湖，处处展现出吸引人的个性生态美，同时，我国的山水之美，也是知名的国家旅游品牌。

改革开放以后，伴随着经济建设与社会发展，出现了某些无视甚至破坏生态环境的现象。生态环境的恶化促使我们逐渐认识到保护生态环境的重要性。党的十八大以来，以习近平同志为核心的党中央高度重视生态环境保护，将生态文明建设纳入"五位一体"总体布局，提出并倡导"绿水青山就是金山银山"的发展理念，提出建设美丽中国的目标，加快形成了保护生态环境的制度体系，逐步建构起我国的国家生态形象。随着经济发展模式的加速转变，对空气质量与水资源的治理措施的落实，"绿水青山"的环境逐渐地回到了我们生活中。电影《上甘岭》的插曲所歌唱的"一条大河波浪宽，风吹稻花香两岸"的意境，将再次成为我国生态美的形象写照。在国家形象层面，山清水秀、生态优美的环境，既有利于宣传我国的旅游资源，也有利于营造我国保护环境、应对气候变化的负责任大国的形象。

文化传统在国家形象中也是重要的因素。可以说，文化传统在国家形象诸要素中的地位，就像水平面下的冰山一样。什么是国家的文化传统？每一个国家都具有自己的文化传承，在国家的历史中沿革下来的一切属于文化的部分，从广义上说，都属于文化传统，如语言文字、宗教信仰、文学艺术、风俗人情等。一个民族的文化传统在深层次上反映了这个民族是如何思考人与世界、人与人之间的关系，反映出民族性格与思维方式。文化传统与雅思贝尔斯所说的"文明"的概念相似，但又存在着差异，更加看重传统性。毋庸置疑，每一个国家的形象中，都包含着它的文化传统形象，并且与国家形象中的其他要素紧密相关，互相影响。例如，美国好莱坞电影一直在塑造和宣传一系列"超级英雄"的形象，其中，以"美国队长"为代表，尽管美国立国时间才200多年，但"美国队长"的形象，仍然体现了美国建国以来形成的文化传统与美国的价值观念。借助于电影媒介，这些美国科幻作品中的超级英雄，传播到了全世界，对美国国家形象的树立，功不可没。

我国历史悠久、文化繁荣，是四大文明古国之一，最可贵的是，我国是唯一传承至今的文明古国。在数千年的历史中，我国创造出了高度辉煌的文化，在很多领域内，都有所发明和创造。以四大发明为代表的古代发明，不仅仅在国内产生了巨大的影响，而且深刻地影响了世界历史的走向。早在200多年以前，伟大的思想家、马克思主义的创始人卡尔·马克思就在《机器、自然力和科学的应用》中写道："火药、指南针、印刷术——这是预告资产阶级社会到来的三大发明：火药把骑士阶层炸得粉碎，指南针打开了世界市场并建立了殖民地，而印刷术则变成新教的工具。"[①] 此外，中国的物质发明与产品，如瓷器、丝绸等，在很早的时候就驰名欧洲，成为贵族

---

① 马克思恩格斯全集（四十七卷）[M].北京：人民出版社2016：359.

名流的身份象征。更重要的是，数千年的历史中，中国创造了以汉字为中心的语言系统，儒道释互补的文化系统，以及数不尽的文学艺术瑰宝。中华文化所提倡的"天人合一""和而不同"等世界观，至今仍能够给予我们思想上的启迪。伴随着工业化文明对大自然的破坏，中国古圣先贤的思想显得愈加珍贵，为人类的可持续发展，提供了思想资源。中国的文化，很早就对与中国毗邻的国家，如朝鲜、日本、越南等，产生了重要影响。欧洲文艺复兴时期，人文主义思想的产生，也曾经向中国的儒家思想汲取营养。18世纪法国启蒙时代的领袖和旗手伏尔泰就非常推崇中国文化，对以孔子为代表的儒家思想称赞不已。

中国文化与众不同的一点在于，它不仅仅是一种传统，而且仍然富有鲜活的生命力，今天的每一个中国人，仍然被中国文化哺育和滋养着。中国文化非常重视"变革"的意义，推崇与时俱进的精神，在不断求新、求变中，剔除固有文化中不合时宜的部分，正像《礼记·大学》中所说，"苟日新，日日新，又日新"。①

中国共产党非常重视文化建设。1954年9月15日，毛泽东在第一届全国人民代表大会第一次会议开幕词中指出，准备在几个五年计划之内，将我国"建设成为一个工业化的具有高度现代文化程度的伟大的国家"，发展民族的、科学的、大众的文化，改变中国文化落后的面貌。改革开放初期，邓小平同志提出，"提高全民族的科学文化水平，发展高尚的丰富多彩的文化生活，建设高度的社会主义精神文明"。党的十八大提出了建设社会主义文化强国的发展目标。

---

① 朱熹. 四书章句集注 [M]. 北京：中华书局，1983：5.

习近平总书记将"文化自信"纳入"四个自信"的范畴，这是对国家文化形象构建提出的更高要求。在实现民族复兴的伟大实践中，借鉴传统文化中的优秀成分，发扬民族文化中的现代因素，结合今天的实际，建设社会主义文化，具有重要意义。丰厚的文化积淀，可以为经济社会发展提供思想资源，也能提高民众的民族自尊心、自信心。更重要的是，提升国家的文化形象，能够在对外交往中，占据有利地位。长期以来，在国际文化交往中，我国处于"文化洼地"，文化输入的数量远远多于文化输出的数量。随着综合国力的增强，我国的文化创意、文化产业的整体状况也有所增强，在文化输出方面，我国也开始布局。例如，在推广汉语方面，我国陆续与国外大学合作，建设孔子学院。2004年，全球首家孔子学院在韩国首尔正式设立。截至2019年12月，中国已在162个国家（地区）建立了550所孔子学院和1172个中小学孔子课堂。不过，与文化强国相比，我国的文化输出与国家文化形象的树立，仍然有进步的空间。

经济发展水平与科技实力，是国家形象的重要基础。

当今世界，国与国之间联系越来越紧密，从前还可以讲全球化是一种趋势，那么，到了今天，全球化已经是客观存在的事实。在"地球村"里，没有一个国家能够断绝与其他国家的往来，独善其身。全球化时代，资源、产品、科技、信息等，通过贸易的方式，在某种程度上，消泯了有形的国界，将所有国家紧紧地联为一个整体。即使出现偶尔的、局部的逆全球化的回流，全球化的总体大势仍然不可违逆。同时，也应该看到，在全球化过程中，并非每一个国家都是受益者。那些牢牢占领着科技创新高地、具备强大的工业制造能力的国家，分割了更多的全球化的红利，而科技与经济水平较低的国家，则更多地承担了全球化的代价。事实上，国家与国家之间的竞争，在全球化时代，不是弱化了，而是更激烈了，更多地转向了综合国力的竞争，其中，经济发展水平与科技创新能力占的比重越来越大。在国家竞争中，可能出现逆水行舟，不进则退的态势，强国愈强，弱国愈弱。

经济与科技在国际形象中的表现有多种形式。比如，一个国家拥有实力雄厚的跨国公司的数量，一个国家的著名大学的数量与吸引外国留学生的数量，每年获得重要科技奖项（如诺贝尔奖）的数量，世界知名品牌的数量等。除了这些可以量化的形式，还有一些是国外公众的心理认知和评价，即对某一特定国家经济与科技的感受。这种心理认知和评价，能够在一定程度上，反映出被评价国的真实情况，而且能够影响到国际市场对该国某一种或某几种产品的接受度。因此，当今世界经济与科技强国，都在千方百计地采取各种措施，塑造本国的经济与科技形象，从而提升本国的软实力，以期在适当的时机，将这种软实力转变为可以兑现的经济收益与国际影响，从而转化为自身的硬实力。一方面，各大国与本国的跨国企业纷纷加大科技的投入，加速科技的创新，加快新产品的应用，对产品质量进行严格把控；另一方面，在产品投放市场以后，注重提升用户体验，提高服务水平，打造出自己的品牌。

社会形象是国家形象的重要构成部分。

社会形象是指某个特定国家的社会各个层面呈现给国外的形象。社会形象是一个复杂的结构，具有多个层面的构成。在当今国际交往中，政治制度、经济发展水平、文化范式、宗教信仰、影视传媒等，都会影响到社会形象。必须指出的是，由于各种因素的影响，社会形象中存在着非常多的"刻板印象"，有时候，这些刻板印象还会极大影响国际交往中的沟通与交流。刻板印象又称"社会定型"或"社会印刻"，是指人们对社会环境中某一类人或事物产生的固定、概括、笼统的看法。人们生活在相同或相近的政治、经济、自然、文化背景中，必然具有许多共同点，而这些共同点往往被人们保存在自己的经验与看法里，形成较为固定的看法沿袭下来。人们常利用刻板印象来简化自己的认知和判定过程，迅速地适应某种环境，与某类人群交往。由于它将认知固化，很难随着现实的变化而变化，导致人们对某类群体的错误认知，这些认知与社会真实相去甚远，从而影响我们的真实认知与准确判断。

在社会形象里，比较为人所关注的内容有国家的社会治理水平、社会公平程度、社会稳定状态、公民的修养与素质等。这里面，既有体现国家治理能力和水平的要素，也有体现社会文化水平的要素。新中国成立之前，由于中国本身的积贫积弱、战乱频仍，加之帝国主义的军事、经济侵略，中国的社会形象长期处于鲁迅所说的"被描写"的地位。这些社会形象，一方面，真实地反映了传统中国发展的滞后，另一方面，也带有浓厚的"半殖民地"特征。新中国成立以后，在党的领导下，旧中国遗留下来的各种社会顽疾及它们带来的各种社会问题，很快得到解决。许多不符合现代观念的传统和风俗，经过了移风易俗的社会变革，逐步被崭新、文明的社会风气习俗所取代。党的十八大以来，大力创新社会治理体制，逐渐形成了共建共治共享的社会治理格局，我国逐渐呈现出社会安定、人民安宁的历史性新局面，我国的公民素质与文化水平得到很大的提升。因此，我国的社会形象也在稳步提升。

政治形象是国家形象的重要标志。

政治形象是一个国家的政治价值观、国家体制、政党制度、政府行政能力在别国民众心中的形象。政治形象是国家形象里最重要、最直观的标志，是最能代表一个国家形象的标志。在国际交往中，具有相同的政治价值观或类似的国体政体的国家，国家形象往往更好一些。而处于不同政治文化和制度下的国家之间，国家形象就更容易受到影响，有时候甚至会出现"妖魔化"的现象，真实的国家形象受到歪曲。

之前，我国的政治形象是极度落后的，随着新中国的成立，我国才建立起符合我国国情的基本政治制度，在这些基本政治制度中，人民代表大会制度、中国共产党领导的多党合作和政治协商制度、民族区域自治制度等是最重要的。这些基本政治制度，展现出崭新的国家形象，东方古国重新焕发出生机和活力。现在，我国国家治理体系与治理能力的现代化水平不断提高。我国政治制度所具有的优势逐渐展现出来，综合国力不断提升，国际影响力也在不断增强。在构建"人类命运共同体"的过程中，我国政府积极为世界提供"中国方案"，这说明，我国已经成为负责任的大国，政治形象也在与时俱进、不断提升。

第二节 国家形象的功能、价值和意义

在全球化时代，越来越多的国家都认识到，塑造良好的本国形象，具有多方面的价值，意义重大。

所谓"软实力"（Soft Power），大意是指"一国通过吸引和说服别国服从你的目标，从而使你得到自己想要的东西的能力"。[①] "软实力"一词是美国哈佛大学肯尼迪政治学院院长约瑟夫·奈教授提出来的，指的是一国的文化、国内政治价值观、政策与制度、外交政策、国民素质和形象的综合体现。软实力区别于综合国力中的"硬实力"（Hard Power）或有形力量，是一个国家综合国力中的"无形的力量"，即精神层面的力量。软实力与硬实力是相辅相成的存在，硬实力是软实力的物质载体与基础，软实力则是硬实力在精神层面的延伸。软实力的概念很快得到国际社会的认可，各国政府意识到了软实力的重要性，出台了打造软实力的计划。在国际交往日益密切的今天，软实力已经普遍得到重视，具有了和硬实力同等重要的地位。

良好的国家形象被看作国家"软实力"的一部分，国家形象的各个组成部分，都贯穿着国家软实力的因素。以国家形象的塑造为抓手，可以有效地提高国家的软实力，扩大国家软实力的影响范围。

---

① 约瑟夫·奈. 注定领导世界：美国权力性质的变迁［M］. 刘华，译. 北京：中国人民大学出版社，2012.

　　国家形象的功能，从大的方面来讲，可以分为对内和对外两方面。国家形象的对内功能，很长时间里，并未引起研究界的特别关注。实际上，国家形象的对内功能也很重要。国家形象的对内功能，更多与本国人民心中的国家形象有关，也牵涉到他国民众心中对这一国家形象的看法与评价。

　　任何一个国家，都会在自己的话语体系中，表达自己的国家形象。如中国人在很早的时候就形成了"华夏"的观念。华夏，也称"华""夏"或"诸夏"等。华与夏曾相互通用，两字同义反复，华即是夏。"中华"又称"中夏"。如《左传·定公十年》载孔子语云："裔不谋夏，夷不乱华。"① 这里的"华"即是"夏"。孔子视"夏"与"华"为同义词。大约从编著《尚书》起，我国古籍上开始将"华"与"夏"连用，合称"华夏"。唐朝经学家孔颖达《春秋左传正义》："中国有礼仪之大，故称夏；有服章之美，谓之华。"② 意即因中国是礼仪之邦，故称"夏"，"夏"有高雅的意思；中国人的服饰很美，故作"华"。华夏一词，不仅是地理层面的，更深一层的价值在文化与价值观的沉淀方面。"华夏"最早的出处是《尚书·周书·武成》："华夏蛮貊，罔不率俾。"③ 西周时，已出现华或夏的单称，也出现了华夏连称的部落名，"华""夏"或"华夏"与周边的"蛮、夷、戎、狄"等部落有所区别，不过，这时夷夏之辨尚不甚严。春秋（前770—前476）时期，夷夏之间区分尊卑的观念强烈，区分华夏与蛮夷，"族类"（宗族氏族，非民族）与文化因素都

---

① 左传［M］. 北京：中华书局，2016.
② 孔颖达. 春秋左传正义［M］. 山东友谊书社，1993.
③ 尚书［M］. 北京：中华书局，2012.

很重要。自此以后，华夏就成为中国的代称。今天汉语里的"中华"一词，"中"即中国，"华"是华夏的简称。早在唐代，"中华"一词就见于韩渥诗句："中华地向边城尽，外国云从岛上来"，并将"中华"和"外国"对用。"华夏""中华"等词语，代表了几千年来中国人对自我形象的认知，充满着民族自信心和自豪感。

但当国力衰弱的时候，尤其在 1840 年鸦片战争开启的近代化以来，中国面对着中西两种文明直接碰撞这种数千年未有之变局，被"坚船利炮"所代表的西方文明一败再败。在内忧外患的国势中，面对西方文化带来的挑战，无数仁人志士，开始反思中国传统文化的负面因素，希望从西方先进的物质文化、制度文化和精神文化中汲取力量，让中国强大起来。

五四运动开启了中国的现代文学和现代文化。在现代文学作家中，很多作家在小说里塑造出的人物形象，带有较强的批判色彩和启蒙意识，也被看作是"中国国民性"的代表。1949 年以后，在党的领导下，中国独立自主、富强文明的国家形象开始建立起来。毛泽东在《增强党的团结，继承党的传统》提出："过去说中国是'老大帝国''东亚病夫'，经济落后，文化也落后，又不讲卫生……但是，经过这六年的改革，我们把中国的面貌改变了。"①

其他国家也是如此。比如，在美国的自我认知里，美国是不同于其他国家的"山巅之城"。"山巅之城"的典故来自《圣经》。17世纪 20 年代，来自西欧尤其是英国的清教徒们移居到北美洲的马萨诸塞，这些清教徒怀着宗教热情，向世人展示建立在上帝教义基础

---

① 毛泽东选集（第五卷）[M]. 北京：人民出版社，1977：293-304.

上的新社会。他们决意要成为世人的表率，万国的楷模。1630年，马萨诸塞州总督约翰·温斯罗普在一次著名的布道"基督徒慈善的典范"（A Model of Christian Charity）中，引用了马太福音5章14节耶稣的登山宝训中关于盐和光的隐喻："你们是世上的光。城立在山上，是不能隐藏的。"自此，"山巅之城"成为美国人心中的国家形象的自我认知惯用语。即便美洲的殖民地开始了世俗化进程以后，这种自以为是一个担负着特殊使命的特殊民族的信念，成为一个文化基因存在于美国人的心灵中。

建构好一系列的国家形象话语或符号系统，并向国内民众很好地描述出来，具有多方面的意义。

首先，国家形象能够参与民族的形成，促进国家的统一，维护国家的完整。不管是民族还是国家，都是历史的产物。在国家形成的过程中，良好的国家形象，能够具有强大的政治号召力，吸引大多数国民，激发国民的热情，参与到国家的建设中。例如，春秋战国时期，中华民族看中的是"夷夏之辨"；秦汉以后，随着疆域的扩大，在民族上，逐渐出现了以文化认同来代替血缘认同的观念；而到今天，又出现了兼具国家认同、文化认同和民族认同的观念，以"中华民族"来自我指称。

其次，国家形象能够影响到民心向背，进而影响政权的执政基础。国家形象中，执政集团的形象是最重要的组成部分。执政集团的价值观念、言论体系与施政风格，能够在国内民众心理上留下直接的印象，而执政集团在国内民众心中的形象好坏，又能够反过来影响政权的执政基础。早在春秋战国时期，中国的思想家就已经认识到了执政集团形象的重要性。《论语·颜渊》记载子贡问政。子曰："足食，足兵，民信之矣。"子贡曰："必不得已而去，于斯三者何先?"曰："去兵。"子贡曰："必不得已而去。于斯二者何先?"曰："去食。自古皆有死，民无信不立。"① 可见，在孔子心中，能否得到百姓的信任，是最重要的。在历史上，因为失去民众的信任而形象败坏，进而丢掉政权的事例，屡见不鲜。

再次，国家形象能够激发本国活力，不断实现发展目标。在各种复杂因素的影响下，即便在本国民众心目中，国家形象也不是铁板一块，更像一个万花筒，综合了多种元素，有时候，评价还会呈现出较大差异。辩证地对待国家形象，厘清国家形象中的积极因素和消极因素，会有效地激发本国的活力。树立国家形象的发展目标，也有助于国家各个层面的建设。1900 年，戊戌变法失败之后，梁启超写下了名文《少年中国说》，这篇文章饱含激情，极力歌颂少年的蓬勃朝气，热切呼唤"少年中国"的出现，振奋了人民的精神。在梁启超心目中，"少年中国"充满了新生的朝气，蓬勃的力量："红日初升，其道大光。河出伏流，一泻汪洋。潜龙腾渊，鳞爪飞扬。乳虎啸谷，百兽震惶。鹰隼试翼，风尘翕张。奇花初胎，矞矞皇皇。干将发硎，有作其芒。天戴其苍，地履其黄。纵有千古，横有八荒。前途似海，来日方长。美哉我少年中国，与天不老! 壮哉我中国少年，与国无疆!"② 1902 年，梁启超又写出《新中国未来记》，以科幻小说的形式，畅想"未来"的中国形象。在这本小说中，梁启超

① 朱熹. 四书章句集注 [M]. 北京: 中华书局, 1983: 135.
② 梁启超. 梁启超文集 [M]. 北京: 北京燕山出版社, 2009.

描述了未来中国举办"上海世博会"的设想:"那时我国决议在上海开设大博览会,这博览会却不同寻常,不特陈设商务、工艺诸物品而已,乃至各种学问、宗教皆以此时开联合大会,处处有论说坛、日日开讲论会,竟把偌大一个上海,连江北,连吴淞口,连崇明区,都变作博览会场了。"① 百余年之后,2010 年上海世博会的成功举办,让梁启超对国家形象的期待和畅想成为现实。对国家形象的分析和期待,既能够正面肯定国家的优势,激发国民的自豪感与自信心,也能够扬弃国家的弱势,促进国民的改革精神,从而助力国家各个层面的建设。

随着全球化时代的来临,国家形象的对外功能,日益凸显出来。概言之,国家形象的对外功能可以分为以下几方面。

第一,良好的国家形象,能够证明本国政府的治理水平,从而维护国家政权稳定与国家安全。在国际竞争中,国家形象是否良好,与这个国家的政府有着密切关系。有时候,国家形象能够从侧面反映出这个国家的政府治理水平。如果一个国家经济发展繁荣稳定,社会环境公正有序,人民安居乐业,自然环境优美,那么它留给国际社会的形象,一定是正面的、积极的。这样的国际形象,也会让这个国家的政府更加获得民意的支持。正像张维为在研究中指出的:"尽管中国还存有许多问题,但在中国共产党的领导下,中国经历了人类历史上维系时间最长的经济高速增长和人民生活水平的大幅提高。独立的国际民调机构,包括皮尤中心和伊索普公司的民调都表明,中国中央政权在人民中享有很高的威望。2016 年 10 月益普索公

---

① 梁启超. 新中国未来记 [M]. 桂林:广西师范大学出版社,2008.

司的民调表明，90%的中国人对自己国家发展的方向感到满意，相比之下，法国只有11%的国民对自己国家发展的方向感到满意，而64%的美国人认为自己的国家走在错误的道路上。"① 长期以来，国际社会的话语中，存在着以民主和专制的范式来区分政权的习惯。张维为指出，应打破这种范式，代之以"良政"和"劣政"的范式，"良政"可以是西方的政治制度，也可以是非西方的政治制度，同样，"劣政"也可能是西方的政治制度或非西方的政治制度。这种良政善治，从根本上说，取决于一国政府的治理水平。政府治理水平较高的国家，国家形象就会呈现出正面的特征，而国家形象越正面，也会让本国政府的执政根基更加牢固，让本国安全获得更多保障。

第二，良好的国家形象，能够使本国获得切实而丰厚的经济回报，从而增强国力，维护国家的经济安全。经济往来是国家和国家之间交往的最重要的内容，不管是政府间的投资，还是民间的贸易，都促进了全球化的进程。经贸和金融关系就像一张巨大的网络，将各个国家的资源、产品、信息和服务，联结成一体。在当今世界，孤立于世界经济体系的国家，想要求得发展，是不可能的。但是，在全球化的经济体系中，各个国家的付出与获得并不平衡，存在着"富国愈富，穷国愈穷"的现象。发达国家通过先进的科学技术，与多年积累的先发优势，在全球化过程中，获取了更多的利益，而欠发达国家，则日益沦为原料产地、产品倾销市场和廉价劳动力输出地。

---

① 张维为. 中国政权合法性对世界的启示 [J]. 世界社会主义研究，2017（02）：121.

从国家形象的角度来分析，可以看出，形象良好的国家，具有更强大的市场竞争力，能够获得更多利益。如自然环境良好的国家，在世界旅游市场中，更容易成为游客热衷的旅游目的地，游客会拉动当地的其他消费。此外，公司、产品和品牌等经济标志，更代表了一个国家的经济形象与经济实力。发达国家拥有数量众多的公司，其中很多是跨国企业，实力雄厚，把全球作为市场，其产品和品牌在全球都有极大的知名度和影响力。美国的"迪士尼""可口可乐""苹果""微软"，日本的"三菱""无印良品"，德国的"奔驰""大众"等品牌，既代表了企业的形象，也代表了国家的形象。正因如此，各个国家都很注意保护本国的产业，扶持本国企业的发展，维护本国的品牌形象。一个国家的众多品牌形象，共同组成了这个国家的经济形象。

在历史上，相当长时期内，我国的产品，在国际市场上，都深受欢迎。造纸、火药、指南针、印刷术被称为"四大发明"，流传到欧洲以后，对欧洲文明的进程产生了巨大影响，甚至推动了历史发展的进程。而丝绸、瓷器、茶叶等产品，更是很早就传到了欧洲，从"丝绸之路"的开发，能够反映出丝绸贸易在中西贸易中的地位。在英文中，"瓷器（china）"与中国（China）同为一词，也从侧面说明了瓷器在欧洲的影响力。

世界进入近代，欧洲工业革命极大地促进了生产力，提高了生产效率，而中国的经济社会形态还停留在农业文明时代，与西方国家相比，落后了很多。1840年鸦片战争，中国被迫打开国门，面对西方的产品，中国的经济毫无竞争力，在政治上，中国成为西方国家的"半殖民地",在经济上,则是成为原料产地和商品倾销地。一直到1949年,与西方发达国家相比,我国在制造业上,都可以说是"一穷二白",没有具备国际竞争力的民族工业,以至于在我国民间语言中,很多物品带有"洋"字:煤油被称作"洋油",火柴被称作"洋火"等。进口货物在我国民众心中,代表着优良品质。1949年新中国成立以后,尤其是改革开放以来,我国以经济建设为中心,建成了比较完整的工业制造体系,与之前的中国相比,发生了天翻地覆的变化。近年来,"中国制造"已经逐渐树立起自己的形象,并且正在转向"中国智造",在产品中加入了更多的科技内涵。随着我国经济"走出去"步伐的加快,中国的品牌也开始走向世界,联想、海尔、海信、华为等企业,已经具备了世界知名度。当然,"中国制造"也存在诸多不足之处,如创新能力偏弱,质量不够精良,这些短板也对"中国制造"的形象和声誉有所损害。我们相信,随着我国科技的发展与制造业的进步,这些短板都会被补齐,"中国制造"的形象,也会变成优质产品与服务的代名词。以全球为视野,也会促使中国企业加强自己的管理,提升自己的产品质量,让自己的服务更人性化,倒逼企业强化自己的战斗力、竞争力,在优胜劣汰的环境中,不断优化自身,从而占领更多的市场份额。

良好的国家形象,有利于打造和平友好的国际环境,拓宽国际交往渠道,从而维护国家的安全与利益。任何一个国家的生存和发展,都需要良好的外部环境。而一个国家外部环境的状态,从根本上来讲,由这个国家的实力来决定。回顾国际交往的历史就可以知道,二战之前,国家之间的交往,主要是硬实力——经济、军事等国力之间的较量。自二战结束之后一直到今天，在国家交往中，国家硬实力的影响，变得越来越"潜在"。联合国与其他各种国际机构的成立，国际法体系的形成，国际规则的制定，在很大程度上对国家霸权主义、大国沙文主义形成了制约。二战结束迄今，虽然局部战乱不断，但爆发新的世界大战的风险越来越小，单凭军事实力耀武扬威的国家行为也越来越不得人心。与硬实力"潜在化"的趋势相对照的是，国家竞争越来越多地体现在软实力的较量上。"软实力"作为一个完整的概念，提出得比较晚，但实际上，"软实力"竞争的态势，早已经存在。二战结束之后，英美与苏联之间长达数十年的"冷战"，就体现出了重视软实力竞争的特点。冷战以苏联解体告终，留给我们长久思考的课题之一，就是如何在硬实力的基础上，打造本国的软实力，以应对形形色色的挑战，在国际竞争中占据优势。

如何利用软实力塑造好的国际形象，在国际竞争中占领国际舆论的高地，获得更多的支持，既是各个国家面对的现实问题，也是今天国际关系研究界的理论热点。实际上，我国早在春秋战国时期，很多思想家就已经注意到了"软实力"的重要性。以儒家派别为例。《论语·季氏》中记载了孔子与其弟子冉有、子路的谈话。在这段谈话中，孔子谈到治国理政的目标："丘也闻有国有家者，不患寡而患不均，不患贫而患不安。盖均无贫，和无寡，安无倾。夫如是，故远人不服，则修文德以来之。既来之，则安之。"① 在孔子的政治理念里，当时的诸侯国应该以仁德来勤修内政，而不是以武力征服比

① 朱熹. 四书章句集注 [M]. 北京：中华书局，1983：170.

124

自己弱小的国家。理想的诸侯国，要"均无贫"——财富分配公平合理、各阶层各安其位、没有贫穷，"和无寡"——社会上下各个阶层和睦相处、平等互助、人民对管理者信赖而不外流，"安无倾"——社会安定有序、国家安全有所保障、没有倾覆的危险。"修文德"，是塑造良好的国家形象的最佳手段，比直接的军事行为更能征服远方异国的人。如果远方的人还不归服，就用仁、义、礼、乐招徕他们；已经来了，就让他们安心住下去。战国时期，孟子在孔子"为政以德"的基础上，发展出了系统全面的仁政学说，主张以道德教化，来进行国家治理，统一天下。孟子比较了"王道"与"霸道"两种对立的统治策略后，指出，王道的特点是以德服人，霸道的特点是以力服人。这两种策略会收到不同的效果："以力服人者，非心服也，力不赡也；以德服人者，中心悦而诚服也。"① 因此，采纳王道、实行仁政才能赢得人民的拥护，得到长治久安。王道与霸道的思想，对我们处理今天的国际关系，树立我们的国家形象，也很有启发。纵览世界历史，有许多国家曾经赫赫一时，但因为一味炫耀武力，实施了错误的内政外交方针，最后走向衰落。将"王道"和"霸道"抽离出当时的语境，作为概念重新诠释，对我们理解今天的世界局势不无帮助。"王道"，就是更多地以软实力的方式来维护本国的利益，"霸道"就是更多地以硬实力的方式来维护本国的利益。我国历史上虽然不乏战争，但总体上看，是热爱和平的，更多地是以王道的方式来处理与周边国家的关系。因此，在别的国家受众中，爱好和平、文化繁荣一直是我国国家形象最鲜明的特点。

---

① 朱熹. 四书章句集注 [M]. 北京：中华书局，1983：235.

1949 年新中国成立以后，我国结束了长期丧权辱国的外交局面，开始以独立而崭新的面貌，登上世界舞台，并日益发挥出不能忽视的影响力。1953 年 12 月 31 日周恩来总理在接见印度政府代表团时，首次完整地提出了和平共处五项原则，即互相尊重领土主权（在亚非会议上改为互相尊重主权和领土完整）、互不侵犯、互不干涉内政、平等互惠（在中印、中缅联合声明中改为平等互利）、和平共处。改革开放以后，尤其是十八大以来，中国逐渐形成了全方位、多层次与立体化的外交布局。提出共建"一带一路"倡议，创办亚洲基础设施投资银行，设立丝路基金，举办"一带一路"国际合作高峰论坛、亚太经合组织领导人非正式会议、二十国集团领导人杭州峰会、金砖国家领导人厦门会晤、亚信峰会等，这些外交成就对构建人类命运共同体、促进全球治理体系变革做出了重大贡献。我国国际影响力、感召力、塑造力进一步提高。

良好的国家形象，有利于传播中国优秀文化，传播中国智慧，弘扬中国的价值体系，为国际问题的解决，提供中国智慧、中国方案。

当今世界上，如果以文明为标准，来衡量国家与国家之间的关系，那么，可以将国家与国家间的交往，大致分为两种类型。第一种类型是，同一文化体系下的国家的交往，如英国与美国的交往；第二种类型是，不同文化体系下的国家的交往，如美国与伊朗的交往。国家与国家之间的关系，决定因素是国家利益的诉求，但文化差异，仍然会影响到国家之间的关系。同一文化体系内的国家，语言特征、思维习惯、宗教哲学、审美方式、风俗习惯，乃至于饮食禁忌，都具备共同因素，大同小异，因此交流起来比较容易，彼此间的国家形象中，出现负面因素、刻板印象的障碍也比较少。而跨文化体系的国家之间，从语言特征到饮食禁忌，存在着种种差异，不同文化之间的鸿沟很难完全跨越，因此，彼此之间的国家形象，存在着种种的变形，在刻板印象中也会有较多的负面因素。很多文学作品中，在描述跨文化的人物形象时，都染有当时对这种异质文化的某种先入为主的偏见，乃至歧视。如欧洲中世纪很长时期内以"摩尔人"来称呼信奉伊斯兰教的人，同时，在阿拉伯故事集《一千零一夜》里，也处处可见对基督徒这种"异教徒"的刻板印记。有时候，由于文化的差异，还可能引起外交的纠纷，甚至还会引发摩擦或战争。

在世界历史的整体格局下，打量中华文明，会发现中华文明具有很多个性。中华文明是人类历史上最早出现的原生文明，也是延续时间最长的文明。在其他古文明已经成为历史的陈迹时，中华文明总是能够从低谷走出，否极泰来，经过淬炼之后，重新焕发出旺盛的生机。可以说，中华文明是仅存的仍然富有生机与活力的古代原生文明。中华文明与其他文化、文明接触与交往的历史上，表现出了既能够汲取对方长处，又不失去自己固有特点的开放胸襟、平等态度和学习的智慧。例如，东汉末期，中华文明接触到了南亚次大陆上生长出来的佛教文化，对待佛教文化，中国并没有完全拒斥，也没有完全挪用，而是从自身出发，吸收它的某些部分，进行融合，创造出了中国本土化的佛教。此外，在中华文明成长的历史上，从来没有一场类似西方历史上的那种宗教战争。蕴含在中华文明基因里的热爱和平、开放共生的精神，与求同存异、取长补短的智慧，不仅仅是中华文明长期存在、生生不息的内在机理，同时，在当今世界也有越来越重要的意义。

冷战结束以后，在整体上，和平与发展仍然是时代主流，但局部的冲突和战乱并未间断，有时甚至会出现比较极端的恐怖主义事件。就像地震多发的地球大陆板块交界处一样，文明冲突事件也常常发生在文明板块的交界处。中华文明与其他文明和平、互动的交流模式，对预防"文明冲突"，有着借鉴意义。不仅如此，中华文明中还有许多思想观念，能够为全人类提供思想资源。

中国优秀传统文化中的思想观念与物质载体，已经成为中国国家形象的一部分，如孔子学院、长城、太极拳，等等。在进一步塑造的过程中，一方面挖掘和诠释传统文化中的优秀成分，一方面融入现代化进程中涌现出的优秀人物、发明创造与时代精神，使我们的国家形象，既体现文明古国的深厚悠久的文化积淀，又能体现当今时代的科技水平和人文精神。这样的国家形象，是"和而不同"的中国智慧的化身，能够成为全球化时代被信赖、被追随的楷模，为国际纷争的解决与全人类危机的处理，提供了中国方案。

良好的国家形象，有利于中国在全球化过程中参与国际规则的制定，为构建和谐文明的人类命运共同体，贡献力量。

当今世界正在走向全球化，在这个过程中，基于国家实力的不同与文明范式的差异，每个国家的话语权重是不同的。以文明的标准来衡量，全球化过程中，以欧美为代表的强势文明拥有更大的话语权，而其他文明处于弱势地位，拥有的话语权比较小；以国家的标准来衡量，虽然第二次世界大战以后，成立了联合国与其他各种国际机构，以协调各个国家之间的关系，处理全球事务，不过，以美国为首的发达国家仍然拥有强大的影响力，有时，甚至会绕过联合国等机构，实施单边行动，为国际社会带来各种不稳定的影响。国际霸权主义仍然存在，真正民主化的国际关系仍然遥遥无期。

中国的崛起为国际社会的稳定与和平带来积极的影响。1974年2月，毛泽东主席在会见来华访问的赞比亚总统卡翁达时，提出了"三个世界"这一概念。他说："我看美国、苏联是第一世界。中间派，日本、欧洲、加拿大，是第二世界。咱们是第三世界。""第三世界人口很多。亚洲除了日本都是第三世界。整个非洲都是第三世界，拉丁美洲是第三世界。"

中国把同第三世界的团结与合作作为自己对外政策的重要内容。1971年10月，中国恢复了在联合国的合法席位。中国一贯支持第三世界各个国家维护民族独立、发展民族经济的斗争。在这一时期，与中国建立外交关系的第三世界国家有50多个，与第三世界国家的经贸关系也得到了很大发展。

中共十一届三中全会以后，中国实行改革开放的政策，这期间，我们对最贫困国家给予无偿经济援助。中国与第三世界的经济交往，逐渐转向以互利为基础的经济技术合作。中国利用第三世界国家的贷款和投资不断增加，中国也开始对第三世界国家进行直接投资，兴办企业和工厂。

进入21世纪以来，随着国际局势的变化与国家实力的增强，我国越来越深入地参与到国际合作中。在国际社会的大家庭里，越来越多的国家开始认真倾听中国的声音。2013年3月23日，习近平主席在莫斯科国际关系学院发表重要演讲，在这篇题为《顺应时代前进潮流促进世界和平发展》的重要演讲中，习近平主席首次提出人类命运共同体的理念。2017年1月17日，习近平主席出席世界经济论坛2017年年会开幕式并发表题为《共担时代责任共促全球发展》的主旨演讲。面对"世界怎么了、我们怎么办？"的问题，习近平主席向世界发出了中国的声音，提出了中国方案。中国方案是：构建人类命运共同体，实现共赢共享。中国不仅在理念上为全球化指明了方向，而且正在从"参与规则"走向"制定规则"，以积极而务实的行动参与到国际合作中来。中国在承担更多社会责任的同时，也在更高的站位上，发挥出战略层面的作用。

在这个过程中，良好的国家形象能够让国家行动减少阻力，获得更多的国际支持。如果一个国家留给别国的印象是热爱和平、承担责任、合作共赢、公平正义的，那么它的理念就会得到更多国家的拥护；如果一个国家留给别国的印象是好勇斗狠、逃避责任、没有信誉，那么，即便它的理念本身很好，也会遭到质疑和反对，而它的外交行动则会处处受阻，寸步难行。"得道多助，失道寡助"，良好的国家形象要有道义上的优势，才会获得更多帮助。

2013年9月、10月，习近平主席提出了建设"新丝绸之路经济带"和"21世纪海上丝绸之路"的合作倡议。"一带一路"是我国深度参与国家合作、承担国际责任的体现。在"一带一路"建设过程中，塑造良好的国家形象也是不可忽略的要素。

第三节 "一带一路"与国家形象塑造的逻辑关系

一、"一带一路"与国家形象的由来与现状

回顾世界历史的进程可以发现，在美洲被发现之前，亚欧大陆始终是世界舞台的中心。世界上比较古老的文明大部分出现在亚欧大陆上，轴心时代的文明高峰也处于这块大陆上。15世纪以后，欧洲航海家原本想寻求到达印度与中国的新的海路，却发现了美洲。此后，伴随着欧洲的殖民行动，美洲大陆被占领和开发。美国经过独立战争、南北战争、第一次世界大战、第二次世界大战之后，崛起为最发达的国家，也成为新的世界中心。然而，伴随着中国国力的提升与中国参与国际合作程度的加深，亚欧大陆的经济体量越来越大，亚欧大陆在全球的重要性也逐渐加强，这本身就有利于世界多极化的实现，有助于世界的和平与发展。21世纪以来，尤其是近十年，一方面，全球化的趋势在加速，在全球化过程中，中国越来越自信地走向舞台中心；另一方面，全球化带来的世界经济格局的转变，也催生了一些国家对全球化的不信任，不同程度地采取了"逆全球化"的经济措施，实施贸易保护主义，甚至是在外交行动中采取单边行动。这些行为，给国际社会带来了长期的负面影响，最终会伤害到包括自己在内的所有国家。

在这种错综复杂、暗藏危机的国际局面下，习近平主席提出了

131

"一带一路"倡议。

"一带一路"（The Belt and Road，缩写 B&R）包括"丝绸之路经济带"和"21世纪海上丝绸之路"，是两者的简称。

"丝绸之路"起始于古代中国，连接亚洲、非洲和欧洲，是古代欧亚大陆上最著名的商业贸易路线，主要作用是将古代中国出产的丝绸、瓷器等商品运往欧洲。后来，丝绸之路成为东方与西方之间在经济、政治、文化等诸多方面进行交流的主要道路。丝绸之路的存在已有2000余年，但正式定名很晚。1877年，德国地质地理学家李希霍芬在其著作《中国》一书中，把从公元前114年至公元127年间，中国与中亚、中国与印度间以丝绸贸易为媒介的这条西域交通道路命名为"丝绸之路"。20世纪初，德国历史学家郝尔曼在《中国与叙利亚之间的古代丝绸之路》一书中，把丝绸之路延伸到地中海西岸和小亚细亚，即它是中国古代经过中亚通往南亚、西亚、欧洲、北非的陆上贸易通道。此外，还有海上丝绸之路，海上丝绸之路是从广州、泉州、宁波、扬州等沿海城市出发，经南洋到阿拉伯海，甚至远达非洲东海岸的海上贸易通道。

2013年秋，习近平主席西行哈萨克斯坦、南下印度尼西亚，先后提出建设"丝绸之路经济带"和"21世纪海上丝绸之路"重大倡议。2015年3月28日，国家发展改革委、外交部、商务部联合发布了《推动共建丝绸之路经济带和21世纪海上丝绸之路的愿景与行动》。2015年5月7日，习近平主席访问欧亚三国，首站抵达哈萨克斯坦，此行是"丝绸之路经济带"的落实之旅，进一步助推了"一带一路"的建设。

2015 年，博鳌亚洲论坛开幕式上，习近平主席发表演讲，表示"一带一路"是要在已有地区合作机制和倡议基础上，推动沿线各国实现经济战略相互对接与优势互补。

依靠中国与有关国家既有的双多边机制，借助已有的、行之有效的区域合作平台，并借用古代丝绸之路的历史符号，"一带一路"倡议高举和平发展的旗帜，积极发展与沿线国家的经济合作伙伴关系，共同打造政治互信、经济融合、文化包容的利益共同体、命运共同体和责任共同体。

我国提出的"一带一路"倡议引起国际社会的热议，受到很多支持，"一带一路"沿线国家以各种形式参与到"一带一路"的建设中来。第 71 届联合国大会对"一带一路"经济合作倡议采取了欢迎的态度，呼吁国际社会各方为"一带一路"倡议建设提供安全的保障环境。2016 年 12 月 16 日（"一带一路"国际日），全球留学生志愿者还举行了庆祝活动。

商务部副部长钱克明出席博鳌亚洲论坛 2021 年年会期间介绍说，自 2013 年中国提出"一带一路"倡议以来，中国与"一带一路"沿线国家贸易累计达 92 万亿美元。八年来，中国对"一带一路"沿线国家直接投资累计达 1360 亿美元，同时，"一带一路"沿线国家 8 年来在华设立企业约 27 万家，累计实际投资 599 亿美元。

2021 年 4 月 20 日，博鳌亚洲论坛年会开幕式举行，习近平主席以视频方式发表题为《同舟共济克时艰，命运与共创未来》的主旨演讲。习近平主席指出，"一带一路"是大家携手前进的阳光大道，不是某一方的私家小路，追求的是发展，崇尚的是共赢，传递的是希望。我们将同各方继续高质量共建"一带一路",践行共商共建共享原则,弘扬开放、绿色、廉洁理念,努力实现高标准、惠民生、可持续目标。我们将建设更紧密的卫生合作伙伴关系,更紧密的互联互通伙伴关系,更紧密的绿色发展伙伴关系,更紧密的开放包容伙伴关系,为人类走向共同繁荣做出积极贡献。

二、"一带一路"与国家形象塑造的辩证关系

自从我国提出"一带一路"倡议后,许多国家都表现出了参与共建的热情。不过,在国际社会上,也出现了一些针对"一带一路"的"杂音",质疑"一带一路"的动机或效果。出现这些杂音的原因很多,其中一个原因就是长期以来我国并未自觉而系统地进行国家形象塑造,导致国外媒体的误读,扭曲了我国的形象。

"一带一路"倡议的提出与实施,本身就是展示我国形象的一次良好契机。

首先,在经济层面,"一带一路"是展示我国制造业与服务业水平,实施经济"走出去"战略的一次良好机遇。2008 年,美国发生金融危机,这次金融危机波及许多国家,造成了全球市场的疲软。直到今日,世界经济仍在经受着国际金融危机深层次的影响,复苏缓慢、各国发展面临的问题依然严峻。与此同时,我国经济面临着产能过剩、外汇资产过剩等问题。借助"一带一路"倡议,我国与相关国家,加强经贸往来,互通有无,既可以将过剩的产能用于国际贸易,也能够提振相关国家的经济。在"一带一路"项目建设中,打造好"中国制造"的经济形象,能够提升国外受众对中国产品的

好感度,开拓和维护好国际市场。

其次,在政治层面,"一带一路"倡议能够提升我国政府的国际形象。"一带一路"倡议的实施,是我国政府面对复杂多变的国际形势,提出的具有全球格局的战略计划。2017 年 5 月,习近平主席在北京举行的"一带一路"国际合作高峰论坛上道出初心:"这项倡议源于我对世界形势的观察和思考。""一带一路"顶层设计初步完成,"一带一路"进入国际话语体系,写入联合国大会、安理会等重要决议。全球 100 多个国家或国际组织与中国签署了共建"一带一路"合作文件,涵盖了亚欧大陆、非洲、拉美和加勒比地区、南太平洋地区。随着"一带一路"沿线的建设走向成熟,我国政府也会越来越具有国际影响力和号召力。

"一带一路"能够传播我国文化形象,扩大我国的文化辐射范围,树立中华文明与其他文明和谐共处的楷模。建立"一带一路"的初衷是经济贸易与金融等方面的互联互通,互利共赢,但对文化层面的影响也很深远。1993 年,哈佛大学著名教授塞缪尔·亨廷顿的《文明的冲突》一文,提出了"文明冲突论",认为未来世界的国际冲突的根源将主要是文化的而不是意识形态的和经济的,全球政治的主要冲突将在不同文明的国家和集团之间进行,文明的冲突将主宰全球政治,文明间的(在地缘上的)断裂带将成为未来的战线;国际政治的核心部分将是西方文明和非西方文明之间的相互作用。亨廷顿预言:今后国际间的冲突将主要在各大文明之间展开,这种异质文明的集团之间的社会暴力冲突(他称之为"断层线战争")不但持久而且难以调和。2001 年"9·11"事件发生后,有人认为这符合亨廷顿的文明冲突论。"一带一路"是展示中国文化的舞台，也是破除"文明冲突论"的窗口。"一带一路"涉及的国家众多，各个国家文化特征差异较大，在建设"一带一路"过程中，探索出中华文化与其他国家文化平等和谐共处的范式，实现费孝通先生所说的"各美其美，美人之美，美美与共，天下大同"的境界，能够扩大中国文化的影响。

"一带一路"的顺利实施，能够提升我国的外交形象。"一带一路"是解决全人类的问题与危机的具体措施，更是建立人类命运共同体的具体手段，体现了我国的大国担当与人类责任意识。"一带一路"恪守联合国宪章的宗旨和原则，遵守和平共处五项原则，即尊重各国主权和领土完整、互不侵犯、互不干涉内政、和平共处、平等互利；坚持开放合作，"一带一路"相关的国家基于但不限于古代丝绸之路的范围，各国和国际、地区组织均可参与，让共建成果惠及更广泛的区域；坚持和谐包容，倡导文明宽容，尊重各国发展道路和模式的选择，加强不同文明之间的对话，求同存异、兼容并蓄、和平共处、共生共荣；坚持市场运作，遵循市场规律和国际通行规则，充分发挥市场在资源配置中的决定性作用和各类企业的主体作用，同时发挥好政府的作用；坚持互利共赢，兼顾各方利益和关切，寻求利益契合点和合作最大公约数，体现各方智慧和创意，各施所长，各尽所能，把各方优势和潜力充分发挥出来。"一带一路"是我国展示外交形象的大手笔。

坚持科学地、自觉地、体系性地打造和提升我国的国家形象，对"一带一路"的顺利实施，也能起到促进作用。

优质的经济形象，能够让"一带一路"的经济互联互通更加顺畅。古代中国的丝绸、瓷器等产品是"一带一路"贸易的大宗货物，也成为中国古代经济形象的最佳代表。在今天的"一带一路"建设中，中国输出的产品与服务，对中国的经济形象具有至关重要的作用。我国已经具备了完整的工业产业链，但处于科技上游的产品还不够多。借助"一带一路"的契机，倒逼国内产业进行供给侧改革，着力提升我国企业的管理水平和服务水平，加大产品中的科技含量，重视服务行业中的人文关怀，系统打造好"中国制造"的形象，能够让"一带一路"更加顺畅。

公正、廉洁、智慧的政府形象，可以增强"一带一路"的号召力与说服力。外交是内政的延伸，一个政府的治理水平与外在形象，能够影响它的外交倡议是否具备号召力与说服力。我国改革开放以来，综合国力得到极大提升，各方面建设取得了举世瞩目的成就。2020年，我国完成了全民脱贫的伟大胜利，取得了辉煌成就。"一带一路"建设，可以将我国政府的治理智慧与施政经验，与所涉及国家的实际国情相结合，因地制宜，一地一策，灵活地将"一带一路"的项目落地并完成。这样的政府形象，也能够有利于消除"一带一路"施建过程中的"杂音"，切实推进"一带一路"建设。

和平、合作、开放的外交形象，可以减少"一带一路"的国际阻力，提高共建效率，有助于国际合作真正地"落地生根"，健康成长。"一带一路"是开放的、包容的区域合作倡议。"一带一路"倡议就是希望中国与"一带一路"相关国家深度开放合作，将世界的机遇转变为中国的机遇，将中国的机遇转变为世界的机遇。基于这样的愿景与认知,"一带一路"以开放为导向,期望通过加强交通、能源和网络等基础设施的互联互通建设,促进经济要素有序自由流动、资源高效配置和市场深度融合,开展更大范围、更高水平、更深层次的区域合作,打造开放、包容、均衡、普惠的区域经济合作架构,以此来解决经济增长的问题。"一带一路"是一个多元、开放和包容的合作性倡议,这是"一带一路"区别于其他区域性经济倡议的一个突出特点。"和平合作、开放包容、互学互鉴、互利共赢"既是古丝路所蕴含的精神基因,也是我国倡导"一带一路"的初衷,更是我国外交的优秀传统。我国的和平、合作、开放的外交形象,能够促进与相关国家间的全方位、多层面的交流与合作,形成互利共赢的区域利益共同体、命运共同体和责任共同体。在"一带一路"建设中,各国都是平等的参与者、贡献者、受益者。打造我国和平、合作、开放的外交形象,有利于增强"一带一路"国家间的合作互信,打消疑虑,打破国际间"零和博弈"的魔咒。

"美美与共"的中华文化形象,能够保障"一带一路"建设的和平环境,促进文明交流与国家间的了解。"一带一路"沿线国家分布在不同的区域,拥有不同的文化与不同的宗教信仰,"一带一路"增强各文明间的交流互鉴,成为促进人文交流的桥梁。"一带一路"在推进基础设施建设基础上,加强产能合作与发展战略对接。以"民心相通"为工作重心,在科学、教育、文化、卫生、民间交往等各领域开展合作。"一带一路"建设的基础更加坚实和牢固。法国前总理德维尔潘认为,"一带一路"建设非常重要,是政治经济文化上的桥梁和纽带,让人民跨越国界更好交流。在"一带一路"建设中,传播中华文化中的优秀因子，弘扬中华文明中的和平、宽容、开放精神，既有利于中华文化的对外影响，也有利于我国吸取借鉴其他文化中的优秀部分，丰富我国的文化建设。

第四节 "一带一路"提升国家形象的若干举措

伴随着我国国力的崛起与国际参与度的深入，提升国家形象已经成为急不可待的问题。"一带一路"既是我国树立崭新的大国形象的契机，同时也对树立国家形象带来一系列新课题。从以下几方面入手，提升国家形象，增强国际社会对我国的好感，可以有效助力"一带一路"的推进。

首先，深入了解"一带一路"所在国家的具体国情，了解关心中国的国际受众。无论是"一带一路"建设中的具体项目合作，还是树立国家形象，都需要做到"知己知彼"，因地制宜。"一带一路"涉及的国家已有100多个，各个国家的地理特征、经济水平、语言文化、风俗习惯都有所不同，这就需要了解当地的国情、民情，了解当地的民心诉求，做到有的放矢地树立国家形象。《论语·子路》记载，孔子说"君子和而不同"，意思是君子能够与他人保持一种和谐友善的关系，但在对具体问题的看法上，不必附和对方。儒家经典《礼记·乐记》记载："乐者为同，礼者为异。同则相亲，异则相敬，乐胜则流，礼胜则离。"① 后人将这种思想概括为"求同

---

① 郑方，肖端.《乐记》导读 [M]. 北京：世界知识出版社，2015.

存异"。将"求同存异"的智慧应用于外交上，即努力寻求双方的共同点，不因为双方的个别分歧产生不必要的争执。想寻求双方的共同点，前提就是要深入了解对方的国情。了解对方、尊重对方，做到"同则相亲，异则相敬"，可以让对方对中国产生好感。

其次，提升我国的国民素质，尤其是到国外旅游的游客的素质，了解旅游目的国的风俗禁忌，打造文明游客的形象。中国国力的提升，让中国国民有了充裕的物质条件，走出国门，到全球各个国家旅游。中国游客留给其他国民的印象，在很大程度上，代表了中国的国家形象。总体而言，中国游客既给当地增加了经济收入，也传播了中国的形象，这些形象几乎都是正面的。但由于各种原因，也出现了一些问题。比如，个别中国游客素质不高的行为，对中国的形象造成了某些伤害，加上网络对负面信息的放大效应，很容易让国外对中国游客这个群体产生负面的"刻板印象"。这提醒我们，国家形象无小事，应该留意细节，应该对出国游客群体普及旅游目的国的国情知识，让游客熟知当地的宗教禁忌、民俗禁忌，注意遵守共同的文明守则，尊重当地的民众，给当地民众留下文明、美好的印象。

再次，建立多渠道的传播体系，研究国外受众的心理，掌握当下的传播规律。在西方国家，新闻媒体被称为立法权、司法权与行政权之外的"第四种权力"，可见新闻媒体机构的影响力之大。尽管普通民众对新闻媒体的公信力越来越抱有怀疑态度，西方表面上的新闻自由仍然能够造成一种新闻独立和自由的表象。当今世界，全球的新闻话语仍然是西方新闻媒体占据主流位置。我国经济总量已经跃居世界第二，但新闻媒体在全球的话语权重与我国的经济实力还不相称。只有建立多渠道的传播体系，才能将我国的真实形象传播出去，改变由其他国家的媒体来描述我国的尴尬现状。传播体系既包括传统的报纸、电视等新闻机构，也包括出版、影视、艺术等文化机构，还应该增强网络等新兴自媒体的力量。在官方媒体的输出方式上，应该研究国外的新闻传播规律，引入既懂得外语，又懂得新闻传播与外交的高端人才，改变传统的新闻传播方式，以便发挥出更基础、更重要的作用。除发挥官方媒体的作用外，努力调动民间自媒体的热情，将中国的国家形象传播出去。网络自媒体更适合当下受众的心理，也更加及时，互动性强，贴近年轻人的生活。网络媒体的作用甚至已经超过了传统媒体，例如，李子柒的短视频在国外传播范围极其广泛，传播速度也非常迅速，在国外青年中引起了很大反响。李子柒在自媒体上展示出的富于中国古典美的田园生活影像，也代表了中国的形象。

最后，加强各方面文化机构的合作与交流，在国际舆论中掌握主动权。文化传播需要"走出去"，才能让别国了解自身。一方面，以孔子学院与其他汉语教育机构为载体，扩大汉语与中国文化的影响力，另一方面，以影视传媒为手段，展示今天文明开放、和谐繁荣的中国形象。另外，国外高端智库一般都对本国政府具有很大影响力，应该加强与国外高端智库、研究机构、大学之间的联系，尤其是国外汉学界或从事与中国有关的课题研究的学者，应进行密切关注，形成定期交流体制。

"一带一路"是新时代我国对外开放的具有战略意义的重大倡

议，是实现"人类命运共同体"的具体步骤，是承担我国大国责任、展现我国大国风采的契机与舞台。在推进"一带一路"的过程中，自觉地、系统地塑造我国的国家形象，不仅仅有利于具体项目的落地和实施，而且能够深层次地推进中华文明与其他文明之间形成良好的对话关系，促进世界和平发展格局的形成。

第四章　"一带一路"视域下的青年形象

2013 年 9 月和 10 月，习近平主席在出访中亚时提出共建"丝绸之路经济带"的倡议。10 月，在出访东南亚国家时，又提出共建"21 世纪海上丝绸之路"的重大倡议。"一带一路"的倡议得到国际社会高度关注。

几年间，"一带一路"成为中国与世界各国沟通交流的友好纽带，增强了国家之间的政治互信、商贸往来、文化交流，中国的国际地位稳步提升，国家形象的塑造与传播也日益加强。然而，伴随着逆全球化的出现，全球保护主义开始抬头，中国的国家形象也受到冲击与抹黑。进一步提升我国的国家形象成为迫在眉睫的问题。因此，在处于百年未有之大变局的国际背景下，如何塑造正面的、积极的国家形象是我们所要深入思考的问题。

在国家形象的塑造过程中，其所涵盖的范围非常广，政治制度、经济水平、历史文化、自然和社会环境、国家的各类机构、团体、企业和社会民众都对国家形象的塑造有方方面面的作用。当代中国的青年形象在国家形象中也发挥了一定的作用，贡献了自己的力量。

青年是国家的未来，通过分析观察一个国家的青年是什么形象，大体上可以推断出一个国家未来的形象。少年强则国强，少年弱则国弱。一个国家的形象是否足够强大自信，在这个国家的青年身上反映的最为直接。青年对一个国家的政治制度、意识形态、经济水平、思想文化、生活方式等都高度认同时，青年所展现出的形象不仅自信，更透露着自豪，还会进一步去影响别国的青年。

2016 年，在庆祝中国共产党成立 95 周年大会上，习近平明确提出"四个自信"。坚持四个自信不是停留在表面，而是通过内外在的表现和行动体现出来，在当下青年形象的塑造和对国家形象的影响上，都可以看出青年形象的方方面面彰显了文化自信。从过去的"半殖民地半封建社会"到现在向着社会主义现代化强国而努力迈进，中国的国家形象已经变得愈发积极向上，强大自信。新时代的青年们也朝气蓬勃、自信向上。许许多多的青年人才走向世界，利用互联网平台和全球化背景下的国际交流，讲好中国故事，弘扬中国文化，在思想激烈碰撞的过程中，广大当代中国青年有着坚定的立场，崇高的觉悟，将中国快速发展下的人民的美好生活介绍给世界、展现给世界。

2018 年，习近平在给参加"一带一路"青年创意与遗产论坛的青年代表回信时强调，青年是国家的未来，勉励他们为构建人类命运共同体做出自己的努力。在"一带一路"建设中，要让不同国家的青年通过教育、旅游、创新经济项目等方式互动交往。

本章将首先简要回溯当代中国在近现代史上各个时期的青年形象，发掘青年形象背后和国家形象之间的联系，进而概括当今中国青年在"一带一路"背景下的海外形象现状。在这一部分，将分为互联网世界中的青年形象、文艺作品中的青年形象和海外留学生的青年形象。通过对当前青年形象的描述分析，从中概括出特点、方式方法和对国家形象塑造的作用，并对未来中国的青年形象的发展提出一些预测和建议，为进一步提升我国的综合实力和影响力做出贡献。

第一节　历史与现实视角下的青年形象

一、历史视角下的中国海外青年形象回顾

"一带一路"源于历史，面向未来。青年是国家的未来，民族的希望。他们是"一带一路"上的种子，与"共商、共建、共享"一同在世界各地落地生根。

1. 晚清时期

将时钟拨回到百年前，19 世纪末，腐朽的晚清政府摇摇欲坠，闭关锁国的政策面对洋人的坚船利炮完全丧失了作用，清政府被迫打开了与世界交往的大门。当时的清政府内外交困，为了维护清政府统治，洋务运动应运而生。洋务运动的指导思想是"中体西用"，学习西方先进的科学技术来维护清政府统治。1872 至 1875 年间，在洋务派的支持下，当时的清政府先后派出四批共 120 名 12 岁的幼童赴美留学，这批留美幼童便是中国历史上第一批官派留学生。这些

还略显稚嫩的孩童离开故土，远赴重洋，踏上陌生的土地，去学习未曾接触过的新知识，去感受未曾见过的新文化，去体会未曾有过的新生活。晚清时期的腐朽落后在这批孩童身上有很深的体现，梳着长辫子，穿着黑布鞋，身穿蓝短褂，在美国人眼中，简直是奇装异服，那长长的辫子成为美国人嘴中的笑柄。腐朽的晚清自然已无力塑造自信富强的国家形象，这批留美孩童也自然而然被美式思想、美式文化所感染，从服饰到饮食，从思想到语言，留美孩童们几乎完全摒弃了中国的传统文化，过上了美式生活。可见倘若一个国家的形象是消极负面的，其青年在接触到更强更新的思想文化时，势必会全方位的接受和被同化，落后迂腐的青年形象荡然无存，更会对自己国家的政治制度、思想文化产生怀疑和反抗。

2. 民国时期

辛亥革命轰轰烈烈，中国最后一个封建王朝敲响了丧钟，然而，进入民国时期的中国并没有迎来富强，军阀混战、列强盘踞、内忧外困的总体情况并没有得到改善。为了民族的伟大复兴、国家的生死存亡，一批接着一批的青年学子踏上了海外求学的道路，他们秉持着各自不同的理想信念，去往沙俄、日本、美国、英国、法国、德国等不同的国家。这一时期的中国青年，已经不同于清朝时那批刚刚"放眼看世界"的留美幼童，他们所处的时代，是战火纷飞的乱世，是思想学术激烈碰撞的时代。民国时期的留学生，有许多日后如雷贯耳的名字：周恩来、朱德、邓小平、陈毅、蔡和森、徐志摩、季羡林、陈寅恪、胡适、徐悲鸿、梁思成、林徽因、钱钟书、杨绛、苏步青、华罗庚、王淦昌、钱学森、竺可桢、茅以升、侯德榜……这些为新中国日后发展作出巨大贡献的伟人,在青年时期外出求学,并在学成之后毅然回国,回到仍处于危险动荡、仍然一穷二白的祖国,贡献出自己的力量。那么在当时,这些风华正茂的青年留学生们在海外的生活,给当时的欧美人群留下了什么样的形象?他们自己又是如何展现一个来自仍处于落后时期的国家的青年形象呢?要分析这个问题,首先要明确当时的留学生构成。不同于清朝时期的官派,也不同于现在的公派留学和私人赞助,在当时的留学生主要分为两种:一种是在国内的学习阶段便取得优异成绩,这一类以清华北大的大学生为主,然后便被保送至欧美留学;另一种则是像周恩来、蔡和森等人,勤工俭学去法国留学。无论是保送留学还是勤工俭学,这些留学生在海外依然抬起头、挺起胸,不因自己来自一个积贫积弱的国家而觉得低人一等。他们学习西方知识,但并不盲目西化,摒弃中国传统文化,而是将西方知识思想中的精髓与我国传统文化融会贯通。他们勤奋、好学、刻苦、聪明,使他们在各自的领域里,受到足够的尊重。

因此,充满朝气的青年形象也对国家形象产生了积极影响,虽然当时的国家比较落后,但是有这样一批批积极向上、发愤图强的爱国青年,为以后中国在各个领域的快速发展奠定了夯实的基础,中国的未来必将走向光明。

3. 改革开放时期的中国留学生

1949 年,中华人民共和国成立。1978 年,中国开始改革开放,从 20 世纪 80 年代开始,新的留学潮开启,留学生已经成为一个数量众多的群体。而中国,也已经日益强大,政治稳定、经济发展、文化繁荣、科技领先。在海外的留学生群体再也不会有自卑的心理。他们大多有着殷实的家庭条件，在海外学习知识，也已有了和发达国家青年一样的物质生活条件。如果说在清末，当时的青年形象伴随着负面的国家形象一样消极不堪，在民国时期，顽强不屈的青年形象带动国家形象上升，那么在现在，强大的国家形象和自信的青年形象相辅相成，互相促进提升，共同形成向上的态势。

二、现阶段海外的青年形象

现如今，每年我国在海外的留学生多达数十万人，他们去往世界各地。对于每一个个体留学生而言，他们出国求学只是为了学习更多的知识，但从宏观层面来看，他们也是中国与世界沟通的桥梁，是世界了解中国的直接窗口。对于那些未曾来过中国，也未曾在互联网上观看有关中国内容的外国人来说，他们了解中国的方式便是通过接触生活中的中国人，而这其中的青年群体——留学生无疑是一个很好的途径。

一个人的形象分为内在形象和外在形象，那么一个群体的形象也是如此。广大海外留学生共同形成了海外青年形象。

1. 海外青年外在形象

在当下，海外的青年形象从外在方面来看，最直观的就是服饰、行为举止、语言和社交礼仪等。

一个人的服饰是其最直观的外在形象。从曾经的褂袍，到后来的中山装，再到现在各式各样时尚的名牌服装。在服装上，世界各国之间的差异性已经越来越小，在海外的留学生，大多也穿 T 恤衫、牛仔裤、运动鞋，与世界所普遍流行的服饰并无太多差异，诸如汉服、旗袍、大褂等中式民族服装，还没有通过海外留学生的方式影响到世界各国。

海外留学生们在行为举止上，也表现得体、文明端正。对于世界普遍共识的举止礼仪，现在的中国留学生已经具备应有的素质去掌握。在西方国家，海外留学生们见到当地的情景并不会表现的过于诧异，中国的快速发展已经逐渐拉平了东西方之间的生活水平，有着足够多见识的海外留学生，并不会再对国外的事物过于好奇，因此也不会有特别出奇的行为。随意闯红灯、随地吐痰、公众场合大声喧哗等不文明行为，在海外留学生中几乎是少之又少。海外留学生们展现在世界各国面前的是一个具备较高素质的文明形象。

以英语为主的外语教育在中国也早已普及到义务教育阶段，留学生们在海外的学习工作生活中，语言已经不再是障碍，许多优秀的海外留学生，不仅在学习生活中交流无障碍，还能用流利的外语参加演讲、辩论等活动，参加丰富多彩的社团活动，中国留学生在海外名牌大学中的参与度越来越高，令人刮目相看，不再是传统印象中不擅交际、沉默寡语的形象。

在此，还需费些笔墨专门写中国美食。食物并不直接体现在人身上，但是食物是由人所生产出来的，制作食物的过程，与人共餐的过程，都可以体现出一个人的形象。中国的国家形象以物质形式在海外传播最广泛的就是食物。在海外，中餐厅的数量已经数不胜数，而且大多数都是宾客如云。留学生们也会因为吃不惯西餐，经常在条件允许的情况下自己做一些中餐，中国文化在海外的传播就依托于那一道道内涵丰富的中国美食之中。

在"一带一路"这条"文明之路"的联通作用下，各国青年对中国文化的了解更加深入。笔者曾经在美国有过半年的生活经历，我发现，美国人对于中国的了解程度还比较有限，他们说不出多少中国的城市名字，也并不了解中国的历史，但对于中国美食，他们却表现出浓厚的兴趣。笔者曾邀请不少美国人去品尝中餐，或是去海外不错的中餐馆，或是亲自在家中做中餐招待。将火锅、北京烤鸭、川菜、红烧排骨还有中国人使用的筷子、合餐制等介绍给外国的人们。通过美味的中国菜，让更多外国人初步认识了中国、了解了中国。借助中国菜这一载体，海外留学生营造出一种热情好客、友善包容的青年形象。内涵丰富的中国饮食文化，已经深入影响中国的一代代人，广大海外留学生，通过带领外国友人领略中餐的美味，让更多的外国人喜欢上中餐，进而由点及面，提升中国在外国人心中的形象。

2. 海外青年内在形象

海外青年的所思所想则体现了当代中国青年的内在形象。一个人的气质、性格、思想、价值观、知识修养等是其内在表现。现如今海外留学生们的内在形象也伴随着国家的发展有了新变化。近年来，我国与西方部分国家产生了一些冲突，国际矛盾时有发生。身在海外的留学生，时刻关心着这些，在国家利益的大是大非面前，即使身在异国，海外留学生们仍然表现出浓厚的爱国情怀、团结向上、凝聚力十足的青年形象。比如在 2019 年，因为香港的修例风波，澳大利亚方面屡次造谣抹黑，恶意攻击中国，在澳留学生们在悉尼发起了"爱国护港"游行，参与人数多达 3000 余人。海外留学生们用集体力量捍卫祖国尊严与利益，即使身处他乡，也不畏危险，向世界展现了当代中国青年爱国、团结的积极形象。伴随着国家的强大，面对外国反动势力的挑衅攻击，中国青年们永葆家国情怀，时时刻刻与背后的祖国站在一起，不怕攻击谩骂甚至人身威胁，与祖国共同捍卫国家尊严与利益，维护国家形象。

三、互联网和海外文艺作品中的青年形象

1. 互联网世界中的青年形象

现在的世界，是一个信息化的世界，互联网技术发展迅速。通过互联网，我们能以最快速度知道世界上各个地方所发生的任何大事。通过互联网中的新闻媒介，宣传一个国家、宣传一个民族，已经是世界各国都在采取的方式和手段。在我国常使用的微博、微信等互联网社交媒介上，有不少西方国家开设的账号，宣传其国家，塑造其正面的形象。在对外宣传上，我国起步较晚，主要原因是我国之前集中主要力量提升科技硬实力，然而从近几年的国际形势中，可以看到文化软实力同样对一个国家非常重要，不主动掌握国际话语权，就会处于较为被动的一方。网络文学更具形象化和故事性，受到普通网民欢迎。经过多年的发展，中国网络文学已经形成了自己的特色，在国外受到广大读者喜爱。

目前我国在互联网世界中通过新媒体塑造国家形象主要以官方媒体为主，在打造融媒体方面，几大官媒纷纷开始着力建设，形成传播矩阵，加大对外宣传力度。比如中央电视台已在海外开设多个

外语语种频道，向世界宣传我国，塑造国家形象。在官方媒介中，青年形象的宣传还远远不足。中国青年形象在互联网上的对外传播更多是通过个人团队开设的自媒体或打造出的网红团队，"抖音""B 站"等是我国青年群体使用较多的互联网 App，在这其中不乏优质账号，李子柒便是近几年涌现出的典型。

"从一粒黄豆到一滴传统手工酱油。现如今，这个历经 3000 年的非物质文化遗产已经成为我们每个家庭餐桌上少不了的调味品。柴米油盐酱醋茶，这才是我们中国人的一日三餐。"在一段视频里，李子柒展示了中国传统手工做酱油的完整过程。这段视频从播种黄豆开始，跟拍了黄豆生长、收获、酿制酱油的许多道工序，视频构图讲究，色调清新，清幽的背景乐、潺潺的流水声、虫鸣鸟叫和劳作时的环境声响，如诗如画的风格，展现了中国的独特美学魅力。

李子柒视频展现的生活方式，向全世界展示出中国独特的传统文化魅力，让更多的外国人爱上了中国，助力中国文化的输出。在李子柒的视频中，生动体现出中国乡村田园牧歌式的生活、悠闲自得的乡村风光，视频中很少出现语言的对白或是讲解，只是记录一位美丽姑娘穿着中式服装，做着中国特有的农活，富有诗意，又略显浪漫。青年形象不能以偏概全，但是一个独具特色的个体还是能够由小放大，通过个体个性化的传播，塑造出正面积极的青年形象，进而上升到传播中国文化、讲好中国故事的高度上来。习近平指出，讲中国故事是时代命题，讲好中国故事是时代使命。围绕这一问题，近年来许多爱国青年做了各种各样的尝试，李子柒的成功可以说是回答这一命题，完成这一使命最好的模板。央视新闻如此评价李子柒: "李子柒的视频,没有一个字夸中国好,但她讲好了中国文化,讲好了中国故事。她只是默默地在那里干着农活,偶尔地跟奶奶说几句四川方言,但全世界各地的人,却开始了解'有趣好看'的中国传统文化,并纷纷夸赞中国人的勤奋、聪慧,进而开始喜欢中国人,喜欢这个国家。不得不说,李子柒是个奇迹,一颗平常心做出了国际文化传播的奇迹。"

从李子柒的成长轨迹,可以看出其在成名前的生活并不轻松,正是这种纯天然的成长经历,反而促使李子柒走向了成功。也许在这快速发展的信息时代,这种模式很难长久坚持下去,慢慢地热度会下降,但这样一种创新的方式,已经在海外宣传中起到了积极有力的作用。观看李子柒视频的外国人会看见一个他们不曾了解的世界,他们会发现中国这片土地上,孕育出了一个勤劳聪慧的民族,也诞生了一个以人民为中心的社会主义现代化强国。

当然,李子柒并不代表当下中国普遍的青年形象,只是富有个性的众多青年形象当中的一角,然而正是这一角,在国际文化传播、国家形象塑造中泛起涟漪,引爆热度。通过李子柒的个人案例,我们可以看到一个受普遍欢迎的青年形象,当其依托互联网平台走红网络之时,其传播影响力已经远远不止视频制作者本身,观看视频的各国人民会以此作为了解一个国家的窗口,一个途径,通过该形象所表现出的内容引申到其国家、其民族,参与到国家形象的塑造过程当中。

2. 走向海外的文艺作品中的青年形象

近些年,我国走向海外的文学艺术作品也越来越多,诸如小说、电影、电视剧、纪录片等，在这些文艺作品中，有很多展现当代中国青年形象的作品。中国网络文学在全球范围内越来越受欢迎，成为中华文化"走出去"的一张名片，俨然与好莱坞电影、日本动漫、韩国演艺并驾齐驱，被称为世界"四大文化产业现象"之一。中国网络文学之所以在海外流行，更重要的原因是网络文学中蕴含了深厚的历史文化底蕴，中国网络文学饱含的中国文化底蕴，在全球化语境中，展示出了中国形象的美学魅力。

回顾文艺作品中的青年形象演变史，得到这样的启示：青春风采与时代使命相辅相成。只有承担起时代使命，才能实现人生价值，一旦离开社会价值，个人的青春易在个人小世界中荒废。当代青年，只有融入中华民族伟大复兴历史进程中，有担当作为，才能让自己的青春绽放得更加灿烂。

与此相应，文艺作品在塑造青年形象时与时代关联。"文章合为时而著"。习近平强调，"一切有价值、有意义的文艺创作和学术研究，都应该反映现实、观照现实，都应该有利于解决现实问题、回答现实课题"，要"勇于回答时代课题"①。想要塑造好青年形象，不应该将青春描写成耽于爱情梦幻的风花雪月或挥霍时光的娱乐至死，要具备现实情怀，捕捉时代主题，要在时代主题中刻画出当代青年的品质，作出时代问题的思索。

中国特色社会主义进入新时代，呼唤着更多、更新、更优秀的青年形象塑造。当代青年群体中出现了哪些新的职业或新的身份？

---

① 逸平. 人民网评：文艺创作、学术研究必须坚持以精品奉献人民［EB/OL］. 人民网，2019-03-06.

当代青年人有哪些新的追求或新的爱好？他们在关心着什么？思考什么？青年人是怎么处理与家庭、与社会的关系的？这些都是今天塑造青年形象时需要正面回答的问题。

我们在塑造当代青年形象时，需要展现出青年敢于担当时代使命的价值维度。我们的文艺作品要有力书写新时代青年群体艰苦创业的壮阔历程，展现青年人的个性、才智和风采。一个时代的文艺气象常常凝结为无数深刻表达当代精神与价值观的青年形象。

近年来很多青年题材的作品如"青春偶像剧"非常流行，这些"偶像剧"是否给当代青年提供了精神营养，亟待深思。事实上，真正呼应青年精神需求，引起青年共鸣的文艺形象还很少。很多青年人谈起当代作品对他们的影响时，常常谈到的却是《平凡的世界》和《士兵突击》等作品，正直善良、自尊自强的孙少平，"不抛弃、不放弃"的许三多，激励他们走过青春，让他们坚持不懈地追求自己的人生价值。真正的艺术形象不是光鲜亮丽的空壳，而是予人温暖、给人力量——能够代表一个时代青年的艺术形象，不取决于"颜值"，而是取决于能否积极面对现实、发挥自身才智、创造社会价值。

第二节 "一带一路"视域下的青年形象传播

一、"一带一路"视域下青年形象面临的挑战

市场经济的快速发展和技术的更新迭代影响深远。当今时代，

市场经济高度繁荣，市场经济自身存在的盲目性、自发性和滞后性特点以及利益原则、等价交换原则的消极方面，影响着当代青年的人生价值取向，市场经济自主性鼓励了青年个性的发展，青年的价值选择也更加多元化。"一带一路"沿线各国处于不同的发展阶段，各种传媒信息复杂多元，电脑、电视、手机充斥着青少年的生活。许多低俗媒体发出的信息，难免对青年产生不良影响，让部分青少年形成了不良的行为习惯。

价值观教育内容较为薄弱及教育手段的落后性。"一带一路"国家的价值体系有很大差异，目前，价值观教育带有形式单调、内容僵化、针对性不强等缺陷，这样就很难使青年接受和认同主流价值观念。此外，青年的主体需求也未得到充分考虑。当代青年受教育程度日渐提高，也都有各自的文化需求，因而忽视主体需求的教育内容很有可能得不到青年的认同。

西方文化的价值观念和利益取向日益渗透。随着经济全球化的深刻快速发展，西方文化、思潮大量涌入中国，对当代青年造成巨大影响。受西方文化的冲击，中国传统文化遭到部分青年的否定，传统美德和中华民族的优良品格遭到质疑，他们开始追逐物欲的享乐，不思进取之风日益弥漫。随欧美大片而来的则是西方的价值观念和利益取向，日益渗透的西方文化对当代青年的价值取向产生了不可估量的影响。部分青年对感官享受、刺激的追求日益热烈。总之，西方文化的冲击是当代青年价值观出现问题的主要原因。独立意识、民主意识、主体意识等思潮使得当代青年逐步抛弃集体本位的思想，而选择个人本位。而一旦将个人与集体对立，处理不好个人与集体之间的利益关系，对公众和他人的自由很容易造成巨大的伤害。

校园亚文化的影响。校园文化中的亚文化对青年价值观念的培育形成了不良影响。校园亚文化包括追星、cosplay、丧文化、电玩文化等，这些亚文化在潜移默化中对青年产生了长久的不良影响，既浪费了青年的珍贵时间，也使得部分青年形成错误的价值观念。另外，校园文化也影响青年的成长。

互联网对青年价值观的影响。随着经济全球化的影响，科技的发展，互联网成为人们的生活必需品，给青年带来好处的同时，也产生了很大的负面影响，严重影响青年价值观的形成。互联网让使用者更自由地表达自己的思想，给每个用户都提供了成为传播者的可能，但过度自由，缺少约束，也造成各种虚假、错误的信息泛滥，影响到更多受众。

从传播对象的角度，当代任何一个国家都要重视与青年人的互动工作，因为社交媒体时代已经来临，在外交中纯粹走精英主义路线已经无法满足时代的需要。

二、"一带一路"视域下青年形象影响因素

社会主义核心价值的主流地位不断加强。党的十八大报告提出："倡导富强、民主、文明、和谐，倡导自由、平等、公正、法治，倡导爱国、敬业、诚信、友善，积极培育和践行社会主义核心价值观"，加强社会主义核心价值体系建设。绝大多数青少年具有强烈的爱国主义精神与集体荣誉感和国家民族认同感，社会主义核心价值

体系教育具有显著成效。

互联网生活方式和精神依赖与日俱增。信息化快速发展带来了社会变革,网络从工具、技术逐渐转变为青年人的生活内容和生活方式。面对越来越大的社会压力,青年人能够在虚拟的网络中体验到释放压力的短暂快乐,加上网络给生活带来的便利,游戏、购物、视频、外卖、聊天等线上活动为青年人营造了又一个生活空间。网络也是一把双刃剑,青年人因此也出现诸多负面问题,如沉溺网络、忽视学习、性格孤僻、追星成瘾,甚至背离社会行为准则。

价值判断多元化,道德行为功利化。价值观的形成受到来自社会各个层次的影响,功利化首当其冲。一旦将这种功利化思想推展到极致,必定导致个人主义、金钱至上的观念,冲击社会主义核心价值体系的地位。功利原则主张个人行为的最高价值是日常生活中可以把握到的东西——由金钱、财富、名誉、权力等构成的个人幸福与快乐,忽略了个人所需承担的义务和责任。

信仰危机显现,民族认同感弱化。青少年的思想还未成熟,这个时期是人生信仰固定下来的重要阶段,对事物的价值判断比较肤浅,对人生意义还难以进行深层思考,因此,对青年人生信仰的塑造和引导,是每个教育工作者应该深思的问题。根据中国社会科学院"互联网对新时期青年与青年工作的影响"课题组的调查研究发现,互联网在强化了青年地球村村民意识的同时,伴随的是种族、民族意识的弱化,而民族认同感减弱,在某种意义上不利于青年们形成爱国主义思想。

三、"一带一路"视域下的青年形象载体分析

"一带一路"沿线各国资源禀赋各异，经济互补性较强，彼此合作的潜力和空间很大。重点在五个方面加强合作。一是政策沟通，这是"一带一路"建设的重要保证。与沿线各国平等协商，共同制定推进各国之间或区域合作的发展规划和措施，主动推动共建"一带一路"倡议与"一带一路"沿线各国的国家战略、发展愿景、总体规划等有效对接，寻求合作的最大公约数。二是设施联通，这是"一带一路"建设优先领域。首先打通国际骨干交通通道的缺失和瓶颈路段，推动口岸基础设施建设，畅通陆水空联运通道；其次促进沿线各国铁路、公路、航空、电信、油气管道、港口等基础设施实现互联互通，逐步形成连接亚洲各区域以及亚欧非之间的基础设施网络。三是贸易畅通，这是"一带一路"建设的重点内容。研究解决贸易便利化问题，减少贸易投资壁垒，降低贸易投资成本，促进区域经济一体化；拓宽贸易领域，以投资带动贸易发展；加强与沿线各国在产业链条上的合作。四是资金融通，这是"一带一路"建设的重要支撑。一方面，要充分发挥亚投行的作用，扩大沿线各国相互贸易投资本币结算和货币互换，深化多边金融合作；另一方面，要加强金融风险监管合作，通过区域合作增强抵御金融风险的能力。五是民心相通，做好民心工作，是在夯实"一带一路"的社会根基。传承和弘扬"丝绸之路"精神，开展促进不同文明之间的交流对话；开展沿线各城市交流，互结友好城市，增进相互友谊携手共进共谋发展。

政策沟通载体。习近平主席关于文明交流互鉴的重要论述，是我们对外文化交流工作时需要遵循的根本方针。原中华人民共和国文化部推出了《文化部"一带一路"文化发展行动计划（2016—2020年）》，其他部门，如团中央等也都在推动中外青年之间的交流项目。中国与其他国家互办文化年，在海外推出各项中国文化普及活动，越来越受到世界人民的欢迎。"一带一路"相关国家相继成立中国文化中心，为文化交流带来良好的契机。

设施联通载体。从耗时三载搭建起中尼跨境互联网光缆的"数字丝路"到承建"摩托车王国"越南的首条城市轻轨，从中俄合作的亚马尔液化天然气项目全线投产到世界最大规模全预制装配桥——文莱淡布隆跨海大桥的通行……中国一大批青年工程师、青年建造工人在"一带一路"沿线用智慧和汗水打造出一个个"超级工程"。他们正以新时代奋斗者的姿态，聚焦从亚欧大陆到非洲、美洲、大洋洲互联互通，将个人价值融入民族复兴中，书写着新时代经济全球化中国青年的实践和担当。

"超级工程"立起"中国质量"，中国青年传承"工匠精神"。"一带一路"让更多青年不远万里，奔赴五大洲，只为让"工匠精神"辐射更广。五年多的时间里，为保护热带雨林植被采取"钓鱼法"施工的项目团队；三天拿出8项设计优化措施，受到埃及总理赞叹的年轻设计团队；为减少地面沉降而决定采用地下七层"逆作法"的项目经理；为不影响西半球最大规模建筑群项目工期而选择在异国举办婚礼的年轻建筑师……这些还略显青涩的面孔用"精益求精""追求卓越""开拓创新"的精神向世界级超级工程发起挑战，绘就"一带一路"沿线的精美工笔画，成为"中国质量"在世界各地熠熠生辉的参与者、见证者和贡献者。他们虽然年纪不大，但把自我的人生价值与"一带一路"伟大宏图紧密联系，为个人、国家乃至全世界"美美与共"的愿景，共同携手迈进，用实际行动向世界诠释：有一种"工匠精神"叫中国青年共建"一带一路"。

"百闻不如一见，欢迎你们有机会来中国看看。"这是中国的声音，也是中国与世界的相处之道。当然，让中国故事传遍世界，也需要更多讲故事的青年人。许许多多青年人奋战在"一带一路"建设的第一线，他们正在成为展示中华文化独有魅力的重要力量。当埃及称呼援建中国青年为"哈比比"，意义为"亲爱的兄弟"时，我们有理由相信这是中国文化走向世界的最佳时刻。让真实、真心、真切的画面遍布世界各地，这才是最打动人心的中国好故事，也是当代中国青年的时代价值所在。

贸易畅通载体。"一带一路"相关国家大多是发展中国家，他们对基建项目如高铁、高速公路非常渴求，关注电子商务、移动支付等新兴领域的变革，生活状况的改善，时尚的流行，对青年的关注和需求的重视，让青年成为"一带一路"故事中的人物，中国故事才能更广为人知。

民心相通载体。"一带一路"涉及的国家和地区，仅语言就多达2500多种。每一种语言都代表着特定的文化价值。文化的差异性需加强沟通交流，文化的共通性需加大互学互鉴。当下，在实现人类命运共同体的过程中，青年的参与为文化共通和对话起到了纽带联结作用，是不可或缺的。

文化教育载体。文化的交流互鉴是民心相通的重要基础。2013年以来，当代中国与世界研究院开展的历次中国国家形象年度全球调查中，始终都把"文化"列为重要话题。2018年的调查涉及俄罗斯等22个国家。《中国国家形象全球调查报告2018》中显示，受访者心中最能代表中国文化的三元素分别为中餐、中医药和武术。海外51至65岁的受访者中，选择儒家思想的比例则更高。可以看出，文化要素始终是中外交流的重要符号和纽带。[1]

教育交流活动的展开，有效推动了各国青年之间的人文交流。2017年教育部制定了《推进共建"一带一路"教育行动》。《"一带一路"建设：以青春力量推进文明互鉴》一文中，北京师范大学文化创新与传播研究院院长助理藤依舒指出，截至2018年年底，国家汉办已在"一带一路"相关国家建立孔子学院153所、孔子课堂149个。2013年启动的"孔子新汉学计划"，累计资助超过600名青年学生和包括汉学家在内的学者在中国攻读学位、研修或开展学术研究，资助700多名青年领袖和业界精英访问中国。[2]

第三节　"一带一路"视域下的青年形象塑造

塑造"一带一路"中国青年形象，要根植于中华民族优秀品格与中国传统文化的精神沃土。习近平多次强调民族精神的重要意义。

---

[1] 当代中国与世界研究院课题组，于运全，王丹，等. 2018年中国国家形象全球调查分析报告[J]. 对外传播，2019（11）：3.

[2] "一带一路"建设：以青春力量推进文明互鉴[N]. 光明日报，2019-04-25（007）.

在 5000 多年历史中形成的中华优秀传统文化，革命文化和社会主义先进文化，代表了中华民族的精神追求。中国优秀传统思想文化主要内容是中华民族的世界观、人生观、价值观等。最核心的内容已经成为中华民族最基本的文化基因。几千年的发展历史中，中国人民勤劳勇敢、爱好和平，形成了以爱国主义为核心的民族精神，以改革创新为核心的时代精神，强调以人为本，尊重的人的价值；强调自强不息，不断革故鼎新；强调亲仁善邻，注重社会和谐。特别是中国传统文化强调人与自然的和谐，强调人与人的和谐，强调人与社会的和谐，"天人合一""天人调谐""人法地、地法天、天法道、道法自然""序四时、载万物、兼利天下"等理念形成了强大的生命力和凝聚力，支撑中华民族屹立于世界民族之林，更对当下构建人类命运共同体、应对生态环境挑战具有不可忽视的当代价值。只有民族的，才是世界的。民族精神集中体现了中华民族的优秀品质，中国传统文化的内在灵魂是支撑中华民族实现伟大复兴的精神驱动力，这是塑造"一带一路"中国青年形象的不竭源泉。我国青年形象的构建，必须根植于这一精神沃土，必须首先继承、发扬这一优秀品质。

塑造"一带一路"中国青年形象，要充分展现新时代中国青年的使命担当。一代人有一代人的长征，一代人有一代人的担当。习近平强调，"新时代中国青年运动的主题、方向、使命，就是坚持中国共产党领导，为实现'两个一百年'奋斗目标、实现中华民族伟大复兴的中国梦而奋斗。"① "一带一路"倡议要实现的最高目标就是在"一带一路"建设国际合作框架内，各方携手应对世界经济面临的挑战，开创发展新机遇，谋求发展新动力，拓展发展新空间，实现优势互补、互利共赢，不断朝着人类命运共同体方向迈进。人类命运共同体就是你中有我，我中有你，新时代中国青年的使命担当，理所当然是"一带一路"青年形象塑造题中应有之意。时代呼唤担当，"一带一路"倡议需要当代中国青年的担当，"一带一路"中国青年形象的塑造，更需要充分展现新时代中国青年的使命担当。

塑造"一带一路"中国青年形象，要鲜明体现当今世界潮流。当前，世界全球化进程深刻影响着中国，中国现代化进程也深刻影响着世界。中国特色社会主义进入新时代，开启了中华民族伟大复兴的新的一页，掀开了加强中国同世界交融发展的新画卷。新时代不仅是为中国人民谋幸福、为中华民族谋复兴的时代，也是构建人类命运共同体、为世界发展谋和平、为全人类谋福祉的时代。中国始终是世界和平的建设者、全球发展的贡献者和国际秩序的维护者。习近平强调，"一带一路"倡议根植历史，更面向未来。我们提出"一带一路"倡议，就是要继承和发扬和平合作、互利共赢的丝绸之路精神，赋予古代丝绸之路以全新的时代内涵，统筹我国的发展与"一带一路"沿线国家和世界其他国家发展。共建"一带一路"倡议正在成为我国参与全球开放合作、改善全球经济治理体系、促进全球共同发展繁荣、推动构建人类命运共同体的中国方案。和平、

---

① 习近平：在纪念五四运动 100 周年大会上的讲话［N］. 人民日报，2019－05－01（002）.

发展、合作、共赢，是当今世界的潮流，"一带一路"就像一对腾飞的翅膀，正飞向和平、发展、合作、共赢的远方。我国青年形象的构建，必须鲜明体现这一潮流，积极展现这一意愿。

塑造"一带一路"中国青年形象，要与国家形象、文化形象、生态形象构建结合起来。当前，中华民族迎来了从站起来、富起来到强起来的伟大飞跃，前所未有地接近实现中华民族伟大复兴的宏伟目标，中国特色社会主义伟大旗帜在世界上高高飘扬，中国在世界现代化进程中正在发生由跟跑者逐渐转向领跑者的角色转变，正在对世界产生更大影响和作出更大贡献，习近平提出的"中国历史底蕴深厚、各民族多元一体、文化多样和谐的文明大国形象，政治清明、经济发展、文化繁荣、社会稳定、人民团结、山河秀美的东方大国形象，坚持和平发展、促进共同发展、维护国际公平正义、为人类作出贡献的负责任大国形象，对外更加开放、更加具有亲和力、充满希望、充满活力的社会主义大国形象"[1] 越来越清晰地展现在世界人民面前。同时，中国在全球化背景下迅速发展，已成为全球第二大经济体，基于中国传统文化构建的国家文化软实力不断增强。中国文化既为世界文化发展贡献力量，又在与世界各民族文化对话交流中得到丰富与完善，中国的文化形象也以崭新的面貌展现出来。特别是当前我国正在习近平生态文明思想指引下，大力推进生态文明建设，推动形成绿色发展方式和生活方式，努力建设美丽中国，实现中华民族永续发展，国家生态形象逐步建构起来。"一

---

① 习近平在主持十八届中央政治局第十二次集体学习时的讲话要点［EB/OL］. 中国共产党新闻网，2015-07-20.

带一路"中国青年形象塑造，离不开中国国家形象、文化形象、生态形象的构建，要更好地体现国家形象、文化形象、生态形象，更好地凸显青年特色，相互衬托、相得益彰。

塑造"一带一路"中国青年形象，要运用好全媒体平台和跨文化传播渠道。"青年形象"这一概念内涵丰富，具有认知、审美、情感等多个维度，由外貌、气质、语言、感触、媒介、符号等多要素经大众化、抽象化而形成，受政治、经济、科技、文化、社会等多因素影响。因此，单一的"官方"主体、"官方"平台、"官方"视角、"官方"话语无法全面展现出多元化和多维度的青年形象。习近平十分重视全媒体时代媒体融合发展，要求"必须紧跟时代，大胆运用新技术、新机制、新模式，加快融合发展步伐，实现宣传效果的最大化和最优化。"① 我们要在发挥"官方"主体、平台、视角、话语"主阵地"作用的同时，动员各种社会力量，综合运用全媒体平台、跨文化传播渠道，塑造传播中国青年形象。如发挥"一带一路"各国各地区官方主流媒体、青年机构、NGO 组织等的作用，构建全媒体的对话互动机制，运用电影、歌曲、舞蹈、武术、比赛等多种方式，电视、纸媒、网络、移动端等全媒体平台，使用青年喜闻乐见的语言和形式，创新青年形象传播，满足受众细分化、多元化、个性化的社交需求；针对"一带一路"不同国家和地区不同的受众，实施差异化传播策略，超越文化隔阂，增进文化间的互惠性理解，加强跨文化传播的对话沟通，展现出更加真实、全面、立体

① 习近平主持中共中央政治局第十二次集体学习并发表重要讲话 [J]. 时事报告（党委中心组学习），2019（01）：2.

的中国青年形象。

通过回顾历史和梳理近些年的大事件，可以看出在当前，"一带一路"视域下的青年形象主要由身处海外的留学生和在互联网社交网络平台上发布相关内容的个人制作者所体现。通过其他方式对外宣传中国、塑造国家形象的力量还不足。因此，进一步找寻方法塑造我国青年形象向海外宣传的办法还有很大的空间可以填补。在这里，主要可以从以下五个方面来提升：

（一）培养海外留学生讲好中国故事的使命感和责任感

1954 年，周恩来总理参加日内瓦会议。会议间隙播放中国第一部彩色故事影片《梁山伯与祝英台》，在请柬上写道：请你欣赏一部彩色歌剧电影——中国的《罗密欧与朱丽叶》。影片吸引了很多海外观众。今天，海外留学生在讲中国故事时，也应思考讲好中国故事，传递好中国声音。

目前，海外留学生向周围人介绍中国的方式更多表现为被动的一种行为，缺少主动创造性。更多海外留学生制作视频是把国外的情况介绍给国内的人们，而没有把中国的情况介绍给世界。因此在今后的时间里，可以鼓励留学生在外发布视频介绍中国，宣传中国，把外国人不了解中国的地方介绍给世界各国人民。

（二）青年互联网内容制作者要开拓创新、寻找新的切入点

李子柒是成功的，但是李子柒的成功从根本上是不可复制的，互联网内容制作上，最忌讳的就是雷同，李子柒可以通过做手工农活走红，但是再有通过类似内容企图引发人们关注的，是基本不可能的。中国传统文化博大精深，在对内宣传上，一系列电视节目可以说已经逐步创新，中国的方方面面几乎都有所展现，但很多中国特有的内容还没有走出国门，走向世界。

文化交流必须注重文化的细节，把无形的文化转化为可视的行动或语言，才能让我们的故事与声音深入人心。优秀的文艺作品应肩负起构建我国正面积极的新型国际形象和沟通民心的作用。

（三）利用好"名人效应"，青年偶像榜样努力进入国际舞台宣传中国形象

法国时尚圈的知名人物约瑟夫·卡尔来到国内给《嘉人》杂志做艺术指导，约瑟夫·卡尔一下便发现了刘雯这位时尚"魔头"，立即就给她单独加拍了一组大片，并上了《嘉人》杂志封面。后来的刘雯成了第一个登上"维多利亚的秘密"舞台的亚洲模特。

在国内，由共青团中央组织发起的"青年大学习"活动，经常请到深受青年人喜爱的名人明星，以此获得更多关注。笔者认为，在对外宣传上同样可以通过这一方式。比如在2020年，青年歌手、演员王源就作为联合国儿童基金会大使出现在联合国大会上，站在世界舞台之上展现中国风采。当然，依靠名人弘扬形象可能会略显得不够接地气，但是，青年偶像们拥有较多的资源和更高的影响力，通过青年偶像形象的塑造，进而让更多外国人看见其背后中国青年的积极形象。

（四）提升中国文艺作品和文化产品的创作水平，争取冲向世界

近些年，中国电影票房持续走高，然而中国电影在海外还并未受到太多关注。与之相比，美国好莱坞的电影早已席卷全球，将美国的国家形象依靠电影的传播树立起来。像《功夫熊猫》，功夫是中国的文化，熊猫是中国的国宝，可是功夫熊猫却是美国制作的动画电影，中国还有着很多独特且具魅力的元素，中国的文艺工作者们可以从这个角度出发，展开一些思考，努力创作出更多更受中外观众都喜爱的文艺作品。

在影视交流中，选片时应该侧重选择具备喜剧、爱情、功夫、动作和特效以及正能量价值观的商业片，避免大量对白，以减少和沿线国家的文化违和感，增加互动性；低成本的文艺片应谨慎选择，因为文艺片中所蕴含的批判性不一定能被他国普通观众所理解。

（五）青年群体要时刻保持理性，不做过激的事情，避免产生负面形象

青年人往往富有激情，满腔的热血需要释放，但是，无论是在互联网的对外交流宣传中，还是身在异国他乡，都需要避免出现过于情绪化的行为，避免过度情绪化的民族主义偏见、"战斗性"的话语风格、"攻击性"的立场态度和"侵犯性"的传播姿态，这种非理智的行为不仅不利于我国青年形象的塑造，更有可能引发某些人对我国国家形象的厌恶。无论何时，有自信、懂礼貌、讲文明的形象都是受人欢迎的形象，而随意谩骂、诅咒、恶意攻击的言语行为所表现出的形象都将令人厌恶。因此，政府和主流媒体要加强引导

青年网民们理性、平和的参与讨论和表达，用令人欣赏的外在形象获得尊重与认可。

青年形象与国家形象之间的关系可以说是紧密相连，两者之间相互勾连、相互作用，国家形象处于负面时，青年形象同样受到负面影响。但同时，青年形象在有的时候又能反作用于国家形象，积极向上、充满朝气的青年形象给国家的发展带来希望，使国家形象的塑造过程也走向上升坡道。而一个强大的国家形象则和青年形象相辅相成，共同表现的积极自信、健康向上。我国面临时代的新发展和国际形势的新变化，对国家形象的塑造提出了新的要求与任务，因此青年形象在此过程中，也将越来越多地发挥更多作用，扮演更多角色，从青年身份的角度进一步加强对外宣传能力，让世界更加全面客观地认识一个走向实现中华民族伟大复兴的社会主义现代化强国。

结　语

青年群体是"一带一路"中国国家形象的主要塑造者。

首先，青年群体是"一带一路"海外媒介平台塑形中国形象的主体。进入新媒体时代，在对外国际传播中，脸谱、推特等媒体为青年的主要交流方式，他们运用这些媒介展示自己，表达心声，成为国家形象传播与塑造的一个主要方式。青年群体是"一带一路"海外社交媒体平台的主要参与者，青年从自身和日常生活视角表达着中国形象，青年的海外媒介具有互动性强、直接有效的"微"特色，青年通过这种媒介表达更生动、细腻，与主流媒体形成互补。这些青年网民群体通过海外社交媒体平台进行国际形象交流与展示，体现爱国情怀及对主流意识形态的认同。海外留学生利用自身的地缘优势和语言特长，讲述中国悠久的历史传统文化，多元、立体、丰富地对外传递中国社会价值观。同时，海外青年汉学家也在为拓展中国文化的对外传播作出贡献。

随着中国国家综合实力的增强，中国国家形象塑造进入"新建构"阶段。我们应重视青年群体的海外传播力量，同时让中国文化走出去的传播更符合国外青年受众的习惯，从而更好构建中国国家形象，让国际社会更加多元理性地认识中国。

其次，青年群体是"一带一路"中国故事重要讲述者。习近平指出，讲中国故事是时代命题，讲好中国故事是时代使命。海内外更多的中国青年纷纷投身到传播中国国家形象的活动中。青年群体利用新媒体媒介，主动发起和设置讲好中国故事议题，使得国际网民听到了中国故事。

在"一带一路"建设中，借助新媒体的现代性和互动性强的特色，以青年群体为主体，联合民间力量，用中外青年受众群体熟识的话语体系讲述中国文化，借助新媒体社交平台显现中国文化形象，让中国文化活动具有较强的吸引力，进而提升中国青年的文化认同感和国家认同感。

在"一带一路"建设中，通过体现中国国家形象的宣传片、网络游戏、影视作品、文化 IP 等传播，以熊猫、长城、中医、武术、中餐等传统文化为中国主要文化符号载体,让外国青年读懂中国文化故事,进而让中国文化走出去。

在讲述"一带一路"故事中,以发展中国家青年感兴趣的中国高铁、高速公路等改变生活状况的基础设施及电子商务、移动支付等与生活相关的消费领域为主要关注点,关注青年需求,成为"一带一路"故事中的主要内容。

在讲述"一带一路"故事中,以青年最有效的交流途径,旅游、打工、度假等方式体验"一带一路"相关国家的风土文化。"中国生活方式"引起"一带一路"相关国家青年的关注,海外青年对参与体验春节、中秋节等中国传统节庆活动很感兴趣。在"一带一路"联通作用下,海外青年对中国文化的认知更为清晰。

海内外青年一代是中国故事的主要传播者与受众群体。媒介只有以海内外青年群体为主体,才能更好传播"一带一路"语境下的中国形象,中国形象也会随着中国故事的传播而日益丰富多元。

最后,"一带一路"文化互鉴交流中,青年群体凝聚力量塑造中国形象。习近平说:"青年最富有朝气,最富有梦想,是未来的领导者和建设者。国之交在于民相亲,而民相亲要从青年做起。"① 青年是国之交,民相亲的主体。近年来,中国与联合国教科文组织多次开展青年对话。让青年参与、青年策划、青年受益,"民相亲"就在青年人中。

青年群体自身正处于对外界事物探索发展过程中,在"一带一路"建设中,让相关国家青年通过旅游、教育、创新项目等方式互

① 柯闻. 当"一带一路"遇上"青年"[N]. 人民网-人民日报海外版, 2017-05-04.

动互往。青年在"一带一路"建设中发挥更多的智慧和才华,他们成为"一带一路"建设的受益者、参与者和建设者。

"一带一路"文化交流互鉴是共通的。在体现共性又尊重个性的前提下,找寻到出一条聚合青年力量、适合社会需求的沟通路径。海内外青年用互鉴、共赏共享的视角推动不同文明交流互鉴、和谐共处,为人类命运共同体缔结起坚实的文化纽带。

青年积极参与"一带一路"倡议,并在促进全球共同发展繁荣、全球开放合作、改善全球经济治理体系、推动构建人类命运共同体建设中发挥主体力量。青年是国家的未来,他们为构建人类命运共同体作出自己的努力。海内外青年自身对"一带一路"倡议的积极回应,体现了青年一代人类命运共同体意识正在形成。青年是实现人类命运共同体理念这一愿景建设必不可少的力量。

第五章　青年形象融入国家形象路径

近年来，随着中国成为第二大经济体，在国际舞台上发挥着越来越重要的作用，大国软实力成为面向世界的重要组成内容，因此广受重视。在国家形象的树立与传播中，代表国家的活力和未来的青年形象在此中的比例逐年增高，这与当前新媒体时代的发展密不可分。因此，我们应从青年形象中见微知著，使之与国家形象融合起来，让世界认识到更加全面的中国形象。

据有关数据统计，海外社交媒体受众规模及影响力较大的有 Twiter、Facebook、YouTube、Instagram、WhatsApp 及 LinkedIn 等，在诸多平台上，西方国家都设置有专门的官方账号，其中不乏以中国青年为受众的中文账号。在这些平台上，就会有一些关于中国的负面内容。拉斯韦尔曾说："宣传是现代世界中最有力的工具"。国家形象不能仅仅建立在"被理解"的发展层面上。国家形象的建立应该与我国发展过程中所涉及的重要内容相关，如建交、货币汇率、国际活动、对外发言等。因此，寻找树立国家形象的有效路径，让世界主动看到真正的中国而非个别国家出于矛盾编造的"被动"的中国形象迫在眉睫。我们应紧跟时代潮流，借助新媒体时代发展的机遇及青年力量，树牢正面积极的中国形象。

第一节 媒介是青年形象融入国家形象路径之一

一、新媒体时代的发展

新媒体是建立在传统媒体概念之上，相对于传统媒体而言发展起来的新的媒体形态，通过一些渠道，如：数字、网络及移动技术，利用电脑、手机、数字电视机等终端，旨在为用户兼供信息及娱乐的新的媒体形态[1]。2022 年 2 月 25 日，中国互联网络信息中心（CNNIC）在京发布第 49 次《中国互联网络发展状况统计报告》（以下简称：《报告》）。《报告》显示，截至 2021 年 12 月，我国网民规模达 10.32 亿，较 2020 年 12 月增长 4296 万，互联网普及率达73.0%。[2] 庞大的网民群体为开启"十四五"数字经济发展以及我国网络强国建设贡献力量。

随着新媒体时代的推进，网络世界的扩张不仅体现在庞大的人群基数上，还体现在不同人群比例的增长方面。从 2020 年至 2021 年 6 月，我国互联网使用人群中 20~39 岁青年群体依旧占据主要地位，老年群体与年轻群体均有增长，且在网络应用方面，青年群体

---

① 姜新. 新传播生态下政务新媒体的"守正"与"出新"[J]. 吉林人大，2019（12）：38-39.
② CNNIC 发布第 49 次《中国互联网络发展状况统计报告》[J]. 新闻潮，2022（02）：3.

主要对网络音乐、网络视频以及网络直播的使用率最高。因为新媒体时代的快速发展，使过去几个世纪以来报纸、电视、杂志、广播等传播媒介的主流引导力量逐渐被削弱，进而被成本低、传播新、速度快、互动性强的新型媒体替代，进而也成为青年发声、表达思想与观点的新阵地。

伴随着新媒体时代的到来，我们的时代显示出如下特性：

首先，群众"麦克风时代"的来临。"麦克风时代"意为网络时代，每个人都具有成为信息传播渠道的可能性，每个个体，都是意见表达的主体，即每个人的发言，都可以视作被放置了麦克风，可以为不同的利益主体维护基本权益发声。

其次，舆论场格局的形成。从一定的角度对舆论场进行分类，可以将其分为体制内舆论场与民间舆论场。体制内舆论场包括各国的国家报纸、电视台、网站新闻等；民间舆论场有口头、网络舆论和公民的自媒体。要产生针对性和有效性较强的舆论，那么体制内舆论场与民间舆论场之间就会产生较大的重叠。反之，当两大舆论场之间的重叠内容越少，其舆论所能够体现出的针对性和有效性就越弱。同时也不难得出，如果两大舆论场重叠率为零。换言之，二者根本不会重叠时，那么主流媒体就有丧失舆论影响力的危险。因此，假使传统媒体失语，互联网与无线电也足以撼动社会的普遍认知。

再次，各阶层相对平等的对话关系。就一个国家内部来说，各阶层如政府官员、成功人士、知识分子、媒体记者、草根阶层、农民等，似乎有着无形的交流和交往界限。以大学毕业低收入聚居群体为例，曾在很长一段时间，他们也被称之为继农民、农民工、下岗职工后的第四大"弱势群体"。然而现在在舆论场上，他们与其他群体之间的对话，却是平等自由的。就国家与国家之间，也存在类似的规律，新媒体时代尽管有许多国际主流媒体话语权依旧掌握在西方某些发达国家手中，但也为不同国力的国与国之间的对话，提供了一定的可能性。

最后，大众利益表达的通道。旨在守卫社会公正的司法制度、行政监督机制依旧不够完善，大众的利益表达通道在一些方面也具有阻塞性和运行低效的传统特点。新媒体时代的到来，使得互联网成为大众较为便捷地表达诉求和赢得公众支持的有利通道，对于制约某些国家在国际上的野蛮霸权行为也具有积极作用。

新媒体时代的到来，令国家与国家之间交流的距离再次被拉近，对彼此之间的政治、经济、文化等一切能够代表国家形象的事物趋向于更开放、更包容、更迅速。就我国的发展历程来说，曾经享誉海外的汉唐盛世，就是开放的、包容的。然而，新媒体时代的到来，也仅仅是起到了一定的推动效果，真正影响国家形象的依旧是国家实力和强大的物质基础。在此基础之上，才能谈及在这一时代背景之下，国家形象的树立。

二、青年是新媒介时代的主体力量和主要受众

（一）青年是新媒介时代的主体

在党的十九大报告中提到"青年"二字共计 10 处，站在新媒体角度提及"网络"共计 7 次，"互联网"涉及 4 次。锻炼自己，提升

自己，成为可以担当中华民族复兴伟任的新时代青年群体的一员，引领新时代经济社会发展，就要明白媒介与青年的主体关系，就像党对青年的期望：我们既要"懂"也要"兼收并蓄"，既要参与"转变"，也要致力于"跨越"。懂，就是要懂新媒体时代的大数据、虚拟现实、智慧城市、云计算的技术；兼收并蓄，既要"引进"也要"走出去"，在此过程中，要有兼收并蓄、以我为主的胸怀；何谓转变？转变，就是要敢于从"中国制造"实现"中国智造"的进步；而致力于"跨越"，就是要让"copy to china"实现向"copy from china"的飞跃。广大青年应积极主动地了解新媒体时代，融入这一新时代，投入这一新时代，敢于跻身新媒体发展的潮流，并主动探索，积极实践，按照习近平的要求，以主人翁精神，在"实现中国梦的生动实践中"书写人生的华章。

因为青年在新媒体时代所具备的特性，往往首个发现行业痛点和全新的潜在"生长点"，并以新媒介、新技术去实现改造的，大都是青年人。从中国版的"共享单车""支付宝""美团""淘宝""今日头条"到"美国版共享单车""印度版支付宝""新加坡版美团""泰国版淘宝""印尼版今日头条"，利用新媒介，将我们从一个领域的长跑人变成一个领域的领跑者，绝大多数的网民正是青年。青年在新媒体应用领域发挥主体媒介力量的同时，新媒体时代也在塑造着青年。如今畅行国际的大型中国企业阿里巴巴，当年也不过是出自一位"大学教师"之手，自"网络黄页"入手的青年，因互联网白手起家，将籍籍无名的小公司逐步发展为遍布海外的大企业；也有不少平凡的青年，借此机遇，白天上班，闲余时间打理自己的网店、网络社群，这样的案例在互联网蓬勃发展期间数不胜数。不得不说，新媒体时代，互联网重构了我们的时间和空间，为每个人能够施展抱负提供了无限可能。马克思曾经设想任何人都没有固定的活动时间、空间，所有人都可以实现在任何部门开展活动、施展抱负，整个生产过程由社会调节，这是他在《德意志意识形态》中提出的观点，而今，借助新媒体时代，使国人向着"人的全面自由发展"又迈进了一步，也为青年在此潮流中，发挥"媒介"主体力量，提供了更多可能①。

（二）青年是新媒介的主要受众群体

青年获取信息渠道的特征性，使青年成为新媒体的主要受众，这种显著特征性并不局限于中国国内，世界各地均是如此。因此，中国青年在向世界传播中国声音、讲述中国故事方面，具有不可替代的作用，以此为载体建立起来的青年形象，也将作为国家形象的部分缩影，在世界舞台上发挥着越来越重要的作用。以主场外交为例，外交舞台设置于本国境内，以自身的主场优势开展的外交活动，这是综合国力与战略意识方面在国际上均有"话语权"的国家才能够实现的外交活动。主场外交不仅可以争取与维护国家利益，提升国家的国际地位，与此同时，外交活动与媒体相结合，对于树立与传播国家形象意义重大。国家形象树立体现在许多环节，如主场外交中作为重要参与者的中国青年志愿者，2018 年北京举办的中非合

---

① 　马清华，马鑫.《德意志意识形态》中人的全面发展的思想及当代意义［J］. 青年文学家，2009（21）：239.

作论坛，招募青年志愿者 2000 余名，成为此次活动不可或缺的一部分。在整个参访陪同过程中，青年志愿者在各国媒体屏幕前所展现出来的态度友好、做事高效细致以及遇到突发情况时良好的应变能力，经由媒体报道，为良好中国青年形象、良好中国风貌，交出了满意答卷①。2022 年北京冬季奥运会的青年志愿者形象也再一次得到全面展现。

同时，当代青年更多都是在"电子媒体"伴随下长大的一代，这与新媒体兴起的时间特异性不无干系，他们几乎每天都在与"新媒体"产生交集，尤其是社交媒体，或浏览或点赞或分享，活跃在这样的平台，具有接受与传播特定信息的合理性，他们不仅可以利用媒体平台展现自己，还具有接受整合分析与评判外来信息的能力，从而形成正向的"赋能"。

(三) 历史经验及全球化"语境"背景下的需求

1. 历史经验回顾

目前，我国虽与世界诸多国家有了经济融合，但在舆论场上，尤其是与西方各国，甚至处于针锋相对状态，这与曾经的"历史偏见"不无关系。在中国经济、政治等各领域的发展处于百废待兴的时代到中国逐渐走上世界舞台的岁月里，西方各国都是在自身文化基础和从追求自身利益最大化的角度来理解中国形象，中国对国家形象的主动表述一直处于被动状态②。在国家形象的树立与传播上，

---

① 王欣阳. 主场外交中的青年志愿者与国家形象构建——以中非合作论坛为例 [J]. 传播力研究，2019，3 (09)：31，38.
② 季乃礼. 国家形象理论研究述评 [J]. 政治学研究，2016 (01)：104-113，128.

我国应吸取以往教训，把握当前机遇，应对发展中可能遇到的各种风险，顺应当前时代发展，在国际平台上积极主动地去打造更加真实、多元化的中国形象，而非一直处于被理解、被认知的局面。

2. 全球化语境的现实需求

全球化、信息化、多极化、多样化与互联网相互促进。而全球化作为一种人类社会正常发展现象的"全球化"，在 20 世纪 90 年代伴随苏联解体达到高潮后，一直持续到 2018 年的"中美贸易战"。持续被推进 30 年的全球化，因当前中美关系下滑及新冠肺炎疫情的影响，近几年一直处于"遇阻"状态，但总体的国际合作趋势并不会因此而改变①。无论是文化之间的交流，还是货物与资本之间的流动都会促进国家政治、经济等方面交融。

不可否认的是，在当前新兴媒介的快速发展之下，我国对外宣传无论是渠道建设还是内容创新方面都存在一定的滞后性，国际传播能力需要不断加强。近年来，我们国家对此也做了积极回应，如国家官方账号的设立，一批社会影响力较大的媒体平台推出的受众面向海内外所有华人、非华人的数字媒体等。其中，在国际上知名度较大的"第六声（Sixth Tone）"，就是国内澎湃新闻推出的全英文数字媒体。Sixth Tone 的理念是"小而美"，既克服了英国广播公司（British Broadcasting Corporation，BBC）、美国有线电视新闻网（Cable News Network，CNN）式的刻板报道，也舍弃了国内许多海外信息传播的宏观叙事弊端，迎合海外受众的阅读习惯，是对我国国

---

① 杭敏，李唯嘉. 经济议题海外社交媒体传播策略研究——以 Twitter 平台三大央媒"中美贸易摩擦"报道为例［J］. 全球传媒学刊，2018，5（04）：149-164.

家形象传播策略上的一种创新。而 Sixth Tone 无论是传播内容还是内部人员骨干，很大一部分都是具有纯熟媒体运营经验的青年人才①。

随着中国国际地位的提升及与之相长的国际话语权的增加，在全球化"语境"下，经过我国自身的努力，中国的形象发生了巨大的变化，不再仅局限于西方眼中的中国，这与主动向外所展示的中国形象有关，媒体宣传在其中所扮演的角色功不可没。作为国家形象传播的载体，青年声音越来越受到世界各国的重视。

（四）主流媒介助力青年塑造国家形象

1. 主流媒介与青年

我国主流媒体平台有微博、短视频、微信、博客、论坛等，而海外诸多媒体平台中，以 Twiter、Facebook 最为多见。在进入新媒体时代后，世界各国紧抓此机遇，在积极营造国家与本国城市"话语权"的基础上，影响较大的海外平台也主动与各国青年受众产生"联系"，吸引国外青年的关注。以英、美等国为例，为了吸引华人受众，他们在 Twiter、Facebook 等大数据平台，同时运营有中英文账号，为了迎合作为新媒体受众的青年华人，一些政府机构还特意在微博开通了中文账号，将本土特征引入，甚至内容都十分贴合中国年轻人口味，以此来传播自己国家形象②。近年来，许多中国主流媒体也在海外一些社交平台设立了多个语种的账号，如《中国日报》、新

---

① 郭新华，赵翔. 全球化语境下澎湃新闻第六声的中国表达 [J]. 传媒，2021（20）：59-61，63.

② 郑承军，唐恩思. 青年镜像：中国形象在海外社交媒体上的传播与塑造 [J]. 中国青年社会科学，2020，39（06）：1-9.

华社、《人民日报》等。以新华社英文账号为例，数据显示其粉丝以18-24岁的年轻人为主，展示着青年一代在国家形象传播中的积极力量。

2. 媒介的作用

随着2022年的到来，最引人注意的新闻莫过于《区域全面经济伙伴关系协定》（Regional Comprehensive Economic Partnership, RCEP）协议的生效，这个全球最大的自由贸易区正式开始运行，正与我国多年来对亚太地区，尤其是东北亚地区以及东南亚的积极文化输出的影响密不可分。我国虽然已经将文化强国建设放在举足轻重的位置，但是目前的大环境依旧是由西方国家把持主流国际舆论，我国的国际舆论影响力在许多方面都体现出寻求新发展的必要性，要使中国的价值观念、人类命运共同体理念、"一带一路"等诸多能够真实反映中国当代风貌的文化走出国门，为国际舆论的理解与支持奠定基础，"媒介"的作用不可忽视，中国声音需要后继有人，中国故事的宣讲也需要"天工人巧日争新"。我们需要巧妙合理地运用媒介，在时代的舆论场上占据有利地位，在一些国际交流平台，自己设置议题，积极发挥主观能动性，引导青年力量，发挥互动性强且中心性弱的国际交流平台的自身特色，为国家形象的宣扬添砖加瓦①。

3. 媒介眼中的青年形象

20世纪20年代奋起于反帝反封建的伟大爱国革命运动中的中国青年，20世纪40年代末投身于新中国建设中的中国青年，20世纪70年代末汇入改革开放时代潮流中的中国青年，或通过传统媒体，

---

① 范红. 国家形象的多维塑造与传播策略 [J]. 清华大学学报（哲学社会科学版），2013，28（02）：141-152，161.

或在新媒体时代通过各种渠道，以影视或音频的方式将一代中国青年的风姿刻画得入木三分，令人不得不钦佩彼时的前辈风姿，不仅给后来人留下了宝贵的精神财富，更让那些对近代中国一直抱有歧视观念的海外诸国，对中国青年有了更为生动的认知。他们是美国职业篮球联赛（National Basketball Association，NBA）耀眼的中国明星姚明，是2018年度十大科学家之首的23岁95后留学生，是90后"女排精神"领袖人物——女排队长朱婷，是抗疫一线的90后援鄂医务人员。

4. 媒介的现实意义

媒介，在广义上，是事物之间产生关系的工具，在狭义上，作为传递物理讯息而存在。雅克·拉康（Jacques Lacan）的"媒介镜像"理论，认为通过媒介所呈现出来的镜像在旁观者们的认知中成为主体与客体之间信息传递的介质。以美国近半个世纪以来发动的数场战争为例，无论事实是否真如他们传达给大众的那样代表"正义"，在每次入侵前后都会借助"大众传媒"这样的媒介来为自己立下一个适合公之于众的"意向"。如1991年海湾战争爆发前夕对伊拉克的"提供慰问行动"，1992年的"重建希望行动"，1994年在海地的"支持民主行动"。这些"正义入侵"的表象，就是政府借助"媒介力量"为自身国家形象所美化的遮羞布。

事实上，也正因为媒介的存在，无论是从个人角度、社会角度、国家角度，都使人际交流和文化传播有了广泛互联互通的渠道。除此之外，良好媒介的存在，在促进我国国际新风貌形成的同时，也在一定程度上减少了西方各国对我国过去长久以来的偏见与误解。

第二节 文化传承与弘扬是青年形象
融入国家形象的路径之二

一、青年文艺与国家形象

（一）文化弘扬中青年形象与国家形象的关系演变

以新中国成立后电影中青年角色的演变历程为例，可以发现，青年在荧屏上的形象一直作为主流意识形态而活跃在几乎同时代的所有影片角色的构造中。新中国成立初期及之后一段时间内，影片中的青年形象均是以青年知识分子与进步分子的形象存在。然而青年以知识分子的形象活跃在荧屏时，又因"指导"与"被改造"分为两大类，这与当时的政治背景不无关系。青年在"知识分子"形象被逐渐淘汰后，又以"工农兵"形象再次亮相大众视野，其存在意义也逐渐演变为承载意识形态宣传功能的载体。此后，青年文艺形象一直与国家形象的树立息息相关，即使在后来青年诸多观念开始与主流意识形态出现分歧，电影市场亚文化开始纷繁复杂，这种规律也一直未被彻底打碎或淘汰①。

---

① 赵宜. 新时期以来大陆电影中的青年银幕形象与文化景观研究［D］. 上海大学，2015.

（二）青年形象对文化传承与弘扬的意义

青年强则国强，当代青年已在我国文化传承与弘扬中发挥着越来越重要的作用，青年形象在很大程度上与国家形象的展现休戚与共。最新中国国家形象全球调查报告显示，我国各方面整体形象相比过去稳中有升，发展中国家与发达国家对中国的印象相比更为积极，在年龄维度，海外年轻人对中国的了解程度更高，这与近年我国新媒体领域尤其是青年群体的宣传密不可分。中医学、中国武术和中国饮食是海外受访者在文化方面对中国的关注对象，我国诸多文化如书法、中国画、民俗、相声以及杂技、传统节日和汉服等极具特色的传统文化影响力还是较低。青年群体的特征以及在社会各界中越来越重要的角色扮演，决定了将青年形象融入国家形象中的可行性。作为国家形象树立路径之一的文化传播，青年在其中发挥的作用不仅局限于主体、媒介、组成元素，他们是文化传向海外的"供体"，同时也是文化去芜存菁的"受体"①。

青年追求独立性、主动性和自己人生自我掌控的快感，他们受到的教育更为开明，更为重视个人的发展而非思想束缚之下的发展，这使得他们拥有很大的自我空间，拥有接受多种思想碰撞之下产生的"青年文化"的先天条件，"叛逆""攀比""奇装异服"，只是一个年代因为对最新一代的误解产生的刻板印象，即使确实存在少数"刻板印象"表现在这代青年身上，但依旧构不成主流。就像古风服

---

① 凡宇，黄三生. "一带一路"视域下中国国家形象的建构［J］. 河北省社会主义学院学报，2018（04）：85-90.

饰、动漫二次元和电竞是部分青年的喜爱，但这并不只是部分青年的文化，更是一种时代作为催化剂所产生的时代的产物与岁月的沉积，这是许多青年身上存在的文化印记，时代催化甚至是某种文化存在必然性的契机。以近两年爆火的"国潮"为例，近几年国潮兴起之势有目共睹。在充斥着满满的"韩潮""美潮"外来文化裹挟下长大的 90 后、00 后，外来潮流带来审美疲劳，这也是近年融入中国传统文化元素的国潮越来越备受瞩目、受到青年欢迎的一大诱因。这一潮流走出国门的有力见证就是传统的"李宁"运动品牌登上纽约时装周，回力、大白兔等国货风靡欧美；新潮的富含中国道家文化的漫画《一人之下》曾在青年群体中引起极大反响，为此腾讯动漫还推出了"人有灵"概念，又据此推出蕴含中国道家元素的"人有灵"服装、配饰等产品，被青年消费群体一扫而空。在以上案例中，青年作为文化传承"受体"角色而存在。事实上，青年能够被中国传统文化吸引，成为文化传播的"受体"，也极大地反映出青年对某些传统文化的认同，为其主动传播与弘扬提供了无限可能性①。

　　由以上国潮、国货和文创产品案例中不难看出，之所以能够被喜爱，被弘扬，与这一文化"主导权"的转移有关。国潮与国漫的兴起，并不是主流媒体的硬核灌输，而是将主动选择权交到了年轻人自己的手中，给了青年画笔，传统也不再是单一元素的传统，而是新一代具有传统文化气息的新的作品，传统文化作为背景板，并未喧宾夺主，却始终保持了其原有的韵味，赋予了传统文化新的活

---

① 李元丽. 报告显示：国际青年群体是中企海外形象建设的关键［N］. 人民政协报，2021-12-14（007）.

力。对于一个民族的发展来说，最弥足珍贵的就是文化，若是卓越出色的传统文化能够受到国家青年的喜爱和认同，得到应有的保护和传承，那无疑是一件幸事①。毕竟从千年前到如今，古人的智慧引导我们的民族度过了许多个春秋，传承下来的精华，亦值得我们去学习与传承。

（三）青年参与国家形象塑造面临的机遇与挑战

文化作为上层建筑的一部分，其发展水平往往受到经济发展水平的制约。自我国改革开放以来，中国的经济发展速度多年来一直处于稳增状态，时至今日，已从过去的千疮百孔和百废待兴局面一跃而起，成为最大的发展中国家，也成为全球经济发展速度最快的国家。随着物质条件的丰富，人民的需求结构也在发生着潜移默化的改变，作为精神之粮的文化，在其中所占的比例也日益增长，反之，目前不断提高的经济发展水平对人民日益增长的物质文化需求提供了较为充足的保障，且经济发展带来社会的大发展、大繁荣也为群众的文化认知提供了优势。

我国拥有五千年的发展文明史，是世界四大文明古国之一，具有深厚的历史底蕴，我国的青年是有文化自信源泉的，且我国始终坚持的是马克思主义的指导，青年对中华文化自信是有坚实根基的。当前，中国教育对传统文化的普及、传播途径的多样化、中国传统文化自身内容的多样性以及当代青年及国民素质的提高是传统文化传播以及青年对中华民族文化自信的机遇。

①　董甜甜. 互联网时代中华元素的数字化艺术传播研究 ［D］. 东南大学，2019.

同时，当前也存在一定的挑战。近年来，随着"全球化"带来的国与国之间各方面合作的推进，文化的发展出现了许多新的特征，基本可以总结为：大分裂、大碰撞、大融合，与此同时也出现了许多形式上的冲突，如东与西、精英和大众、传统与现代等。这些问题对传统文化的弘扬与发展带来一定的局限性，对部分青年理解传统文化具有一定冲击性甚至是误导性①。

伴随信息化和互联网的发展，世界各国之间的距离不断拉近，国家与国家之间的合作平台、合作方式、合作内容都有了质的飞跃，在合作频率上，也有了前所未有的变化。这为各个国家之间的文化交流提供了许多便利，同时也给西方国家"文化霸权"的肆意横行提供了机会。

除了国际局势方面的挑战，我国传统文化在本国的传播也应具备一些风险意识。要深刻认识到互联网的开放性导致传播信息者目的不同、水平参差不齐带来的"网络异质性"。所谓的传统文化出现"网络异质性"，即部分"潮流文化""亚文化""逐渐兴起的小众文化"逐渐将中华传统文化包括在内的主体文化进行性削弱的过程。此外，因目前网络管理体系尚不健全，一些低级庸俗、虚假、负面的"文化潮"也对传统文化的发展造成不利影响，例如青年的"躺平"就被国外媒体突出报道。应对及避免以上互联网对传统文化带来的不良影响，也具有一定的挑战性。

---

① 韩震. 论全球化进程中的多重文化认同 [J]. 求是学刊，2005（05）：21-26.

二、传统文化弘扬成功案例

（一）西方国家文化传播成功案例

就文化传播方面来说，美国的"英雄电影"几乎已经成为一个美国文化的代名词。除了美国，法国、日本、韩国等国在本土文化弘扬等方面都有十分成功的案例，如日本的动漫、韩国的偶像剧、法国的奢侈品文化等。以美国的英雄电影和韩国影视剧与音乐为例：美国的英雄电影在向外输出极致个人主义的同时，通过塑造超级英雄拯救人类、拯救世界的热血剧情，加之以酷炫的视觉效果，受到了全球无数年轻人的追捧。大家在喜欢这些被塑造得极其完美的英雄的同时，往往也忽视了一个事实，那就是潜意识里也在接受一个强硬的观念——"只有美国的超级英雄才可以拯救世界"，然而这也正是美国始终向人们灌输的"美国是世界霸主"的观念，通过各种媒介，向群众生活渗透资本主义的价值观念；以"韩流"为关键词的韩国影视剧及音乐，因为审美及一些文化差异，虽仅仅爆红于亚洲，但其发展势头不容小觑，我国近几年兴起来的明星选秀类节目就是"韩流"文化输出有力见证。

（二）中国文化弘扬成功案例

首先，中国文化弘扬现状。从前，畅行海外的中国文化，孔子学院是影响力最大的中国文化传播案例。但是，孔子学院是以汉语教学作为主要教学活动的文化输出，事实上对我国传统文化的讲解少之又少。且加之近年世界局势的改变，以及以"中美贸易战"为中心的各方面的摩擦，在一些国家，尤其是发达国家，均取消了孔子学院的设置点，这对我国文化走出国门是一种间接的打击。如今的青年一代，因为成长于信息化时代背景下，无论是海内还是海外青年，对于新事物的接收能力均表现出优于年长群体的特征。

以国外文化在我国成功传播的特征，如国外"情人节""圣诞节""感恩节""万圣节"等在国内的大肆兴起，这些国外文化输出的产物在中国青年中的流行尤为严重。我国在对待文化继承、弘扬与创新中，也推行"引进来"，但这些节日大比例带有西方的宗教文化色彩，与我国文化在本质上是相斥的，并不遵循取其精华，去其糟粕的宗旨。尤其是国外的"情人节"近年甚至大有持平甚至超过本土"七夕"的势头，这在二者称谓上，有着明显的变化，如有些地方甚至将本土七夕节称为"中国情人节"。这也说明，文化弘扬不仅要依靠当代青年，还需要了解当代青年的心理特征。应掌握青年的喜好及主要的娱乐方式，如相对其他文化传播方式来说相对容易的电影、游戏、动漫、玩具、美食、旅游等文化输出方式，均是当代青年较为容易接受的文化输出方式。

其次，我国文化传播成功案例。与其他国家文化交流比较成功的案例，如作为中华文化重要载体的"春节品牌""亚洲艺术节""相约北京""中法友谊节""中韩歌会"等。为了更好地推动中华文化走出去，以文载道、以文传声、以文化人，我国国家文化体制近年得到很大的完善，我们能够推向世界的中国文化内容也越来越丰富。以中国田园式慢生活为核心的青年视频制作博主李子柒，在海外广受欢迎的《流浪地球》、国漫《大圣归来》，以及主打中国古代鬼怪故事、风水、冷兵器的盗墓小说在国外都取得了空前成功。

曾在 2018 年版权发行全球六大洲、传播 70 多个国家的中国古装剧《延禧攻略》，也一度带着中国传统首饰、国风服装、古风歌曲走向国际，2022 年热播剧《人世间》版权开拍仅 1 个月就被迪士尼预购了海外独家发行版权。许多带有浓厚中国传统文化特色的综艺节目近年也广受海外青年追捧，如《见字如面》《国家宝藏》《经典咏流转》等。在这些成功地走出国门并引起较大反响的中国传统文化输出中，均有中国青年的身影，不仅起到文化传播的效果，对于中国青年的文化自信也起到了积极作用①。

时至今日，中国新一代 90 后也逐渐走上历史舞台，为国家形象的树立与传播增添色彩。以海外影响较大的"帝吧网友"为例，在中华人民共和国成立七十周年的纪念日，这群青年以自己一贯独特新颖的方式，通过向全世界展示新中国成立七十年的风雨历程来向祖国祝贺，为此还造就了"帝吧"历史上最重要的一次 Facebook "出征"，让世界看到了中国青年，看到了 70 年以来的新中国。近年来，青年一代艺人凭借自身海外影响力，为国家形象传播锦上添花的例子数不胜数，以青年演员王源为例，2017 年入选全球影响力青年，多次代表中国青年出席国际活动，还有 up 主何同学依靠精美的数码产品视频颇受欢迎，并与美国苹果公司 CEO 库克交流访谈，他们在全球范围内树立了积极、乐观、自信的中国青年形象，甚至打破了许多国家对过去中国青年形象的刻板印象，为青年形象融入国家形象之路发挥了正向作用。

---

① 张泗考. 跨文化传播视域下中华文化走向世界战略研究 [D]. 河北师范大学，2016.

三、应对策略

首先，守好阵地，在通过弘扬文化来树立国家形象的过程中，应引导当代青年坚持马克思主义思想，高举中国特色社会主义旗帜，以习近平新时代中国特色社会主义思想为指导，守好中华传统文化阵地；其次，在坚持文化自信的同时继续加大文化领域的对外开放水平，我们必须以开放的姿态与形象，在国际交流中取精华去糟粕，使自身不断发展；再次，推动优秀文化的创新创造，不应仅局限于文化传播方式、传播渠道等方面的创新，还应在传统文化的内容上进行适宜创新，使之与时代相适应，令其社会效益最大化，增强传统文化的活力来源；最后，加强网络平台的建设以及网络安全的管理。

如前所述，随着人类生活越来越信息化，国家之间的"对话"已越来越离不开互联网，在寻求文化弘扬传播路径的同时，在构建网络平台的过程中也应同步加强网络安全管理，保证我国主流文化不受蚕食。在网络平台搭建以及网络净化的基础上，加强青年群体的"教育"，只有青年热爱国家传统文化，并对我们的国家有高度的认同感，在青年形象融入国家形象的过程中，这支主力军才会发挥自己最强大的力量。在教育方面，国家应重视、社会应主动，学校与家庭也应将此放在同等重要的位置上。年轻一代在互联网上接收信息十分广泛，但是其自身辨别是非的能力又极为有限，是十分容易被"带节奏"的人群，容易接触到新鲜事物、容易容纳外来文化，也容易失去约束，对世界观、人生观、价值观的形成产生不利影响。因此，只有加强这方面的教育，中华优秀传统文化的传承与发展才能拥有坚实的中坚力量①。

　　了解我国的文化，也需要探索我国文化精神，需要认识这一文化中的"个人以及团体"行为的态度。当代青年，应主动承担起中国文化与国际交流的"个人及团体"身份，发挥桥梁作用。在大众文化越来越被许多年轻人所追捧后，外来文化对青年的影响也是不容忽视的。因此，需要从国家、社会等各方面加强青年的文化自信，提升中国青年对传统文化的认可，唯有继承好，才堪谈文化的传承。一个国家文化的沉积或许需要上百年的历史，与之截然不同的是传播却与"一时兴趣驱动"密不可分。因此在文化传承时，应牢握受众喜好，从精品电影、游戏、动漫、综艺、音乐等诸多海内外均较为感兴趣的领域来说，可以在开展过程中融入中国神话、历史故事、经典小说等方面的内容，多元素混杂，使文化输出效果最大化。

第三节　中华民族共同体是青年形象
融入国家形象的基石

一、中华民族共同体意识的范畴及案例

　　所谓中华民族共同体，是"民族综合体"的全称，体现民族精神，以爱国主义为核心是中华民族共同体的主题词，其所含的内容覆盖政治、社会、经济、文化等各方面。中华民族共同体意识具有

---

① 白凡. 习近平关于青年国家认同的重要论述及其时代价值研究［D］. 广西师范大学，2021.

历史必然性与现实针对性，它提出与被遵循是基于历史事实而存在的，具有必然性，同时，中华民族共同体意识对于当前我国实情具有指导意义，益于但不仅限于民族凝聚力的增强。对于中华民族第二个百年奋斗目标具有积极的促进作用，为中华民族开创更加灿烂的未来保驾护航。中华民族生活在相同的历史条件下，我们有相似的价值观念与追求，同时也拥有共同的物质基础、身份认同，我们一同构成命运共同体的各大组成元素①。

以孟晚舟事件为例：自 2018 年末孟晚舟被非法扣押，孟晚舟从始至终，都秉持着自己的原则，就像她说的那样，宁可放弃一生的自由，也不会以扭曲事实背叛国家的代价顾小家弃"大家"。2021年 9 月 27 日，时隔 1028 天，孟晚舟终于回国了，8000 万人一起"云接机"，这就是中国力量。人民日报发文：欢迎回家！轻舟虽晚，终回家国。

作为中华儿女，中华民族个人的命运早就与中华民族整体的命运惺惺相惜，如今屹立在世界强国之林的中华民族，已经成为每个中华儿女的坚强后盾和有力靠山，而中华民族的兴盛，也是所有中华儿女的共同心愿。个人的命运从来就与民族、国家命运相接。从孟晚舟事件中我们不难体会到，只有国家强大，个人的前途、幸福与自由才有后盾、有保障。如果我们国家没有在当前国际关系中占据一定地位的"发言权"，个人的尊严也必将无从谈起。

---

① 褚松燕. 铸牢中华民族共同体意识：逻辑与路径［J/OL］. 人民论坛·学术前沿，2021-07-27.

二、青年形象树立中华民族共同体目标的意义

铸牢青年中华民族共同体意识，增强其对中华民族的自觉认同，这是将青年形象融入中国形象的基础，也是增强青年一代归属感、国家认同感以及提升道路自信、理论自信、制度自信和文化自信的催化剂，是正能量青年形象树立的重要精神力量，也是将其融入国家形象之路的必由之选。树牢中华民族共同体意识，就是树立坚决维护国家主权和领土完整的国家形象，打击西方某些妄图鼓动部分青年，试图破坏我国领土完整统一的国外势力的野心。青年作为信息时代各大主流国际社交平台文化传播者与受众，在一定程度上也代表着国家在文化领域的形象，因此必须树立马克思主义文化观，传承与创新并举，自觉学习与传播中国文化，推动文化交流，借文化来铸牢中华民族共同体意识，承担起时代赋予中国青年的新使命，亦可以体现新时代青年饱满的精神风貌和文化底蕴，展现中国青年的文化自信。

三、青年形象树立中华民族共同体目标的途径

1. 树立正确的民族观

无论哪个民族的青年都是国家未来发展的坚实基础，是国家的希望。无论是国家，还是社会，乃至家庭，都应担负起引导青年走正确政治道路的责任。作为青年一代，更是作为代表中国风貌一部分的中国青年，应该树立马克思主义民族观，加强了解国家关于民族问题的政策方针，提高与之相关的理论知识的学习，坚持中华民族共同体意识，提升民族使命感与自豪感，紧跟党和国家的步伐，

为当代青年根正苗红的成长代言，为焕然一新的中国形象代言①。

　　所谓的民族，是拥有主观上认同某种价值、某种文化特征历史与血缘的共同体。古往今来，因为没有树立正确的民族观，进而产生一系列惨剧的历史事件不在少数。相反，以正确民族观走向兴盛的案例，也并非屈指可数。以我国近代史实为例：自19世纪末到20世纪中期的这段历史中，中国经历了很长一段屈辱的岁月，但也是在这一时期，马克思主义民族观在此危难时刻焕发出了夺目光彩。56个民族同仇敌忾，在中国共产党的领导之下，合力将近代千疮百孔的中国推上高速发展的轨道。救国不分先后，抗战无民族之分，从"抗战空军第一人"的满族飞行员高志航，"滇西抗战"、到冀中平原的"回民支队"，无论是个人、团体，56个民族对我国走向如今的盛世安宁，都贡献出了自己的力量。

　　2. 树立正确的发展历史观

　　青年是未来中国历史的书写者，是一个国家发展的中坚力量。引导青年一代树立积极的正确的马克思主义历史观，具有以下几方面的益处。首先，能够深刻理解，中华民族是在五千年的发展历程中，共同绘制了目前的蓝图，形成了所有民族你中有我我中有你的美好格局；其次，树立正确的发展历史观，可以更为深刻地意识到各个民族发展的脉络，新中国是在中国共产党的领导之下，在各民族共同的努力之下从站起来、富起来到强起来的，从而坚定中华民族共同体意识，加强民族制度自信，形成对不良民族分裂思想侵蚀的自动排斥，为维护中华民族团结统一形成坚固的铜墙铁壁。

---

①　崔榕，赵智娜. 文化认同与中华民族共同体建设［J］. 民族学刊，2021，12（08）：1-8，120.

回溯中华民族承续千年的发展历史，实则也是中华各民族不断走向大融合与大发展的历史。在过去分分合合到大融合的千年发展历史长河里，留给后来人最宝贵的财富就是中华民族坚韧不拔、生生不息，文化底蕴不断繁衍累积到壮大的过程，这也是中华民族大融合中永远值得被一代代青年传承下去的宝贵财富。数千年来中华民族所沉淀下来这种顽强奋斗精神，也是中华民族的主体精神。尤其是在文化交融的今天，更应该发扬这种精神，团结奋斗，才能够真正实现中华民族的伟大复兴。中华民族向来是统一的、大融合的，不可分割，这是当代青年应该坚守的正确的历史观。

近些年，"港独""台独"的热度在一些始作俑者的竭力操控下屡禁不止，这些妄图对中华民族的融合统一进行内外攻击的海外势力之所以能够成功煽动许多中国青年走上不归路，除了因为这些青年自身没有树立正确的民族观、历史观，还与许多青少年尚未形成成熟的三观，被"裹着糖衣的炮弹"迷惑相关。之所以被叫做"裹着糖衣的炮弹"是因为其常常以青年群体所感兴趣的领域为载体，在意识形态上，借助网络信息的海量化、碎片化规避相关部门的监管来对青年群体产生潜移默化地影响。如网络游戏、网络音乐、社交媒体、虚拟社区、网络电台、文学、动漫等新兴文化娱乐形态方面的非法宣传。以这样的形式、内容、在具有海量信息不易被察觉的平台，只要传播载体不出现重大问题，社会对其所谓的"圈子"日常运转都不会有丝毫的察觉，这也是境外敌对势力近年来屡屡得手的一个重要原因。青年群体是未来维护民族团结统一的中坚力量，是中华民族未来的"门面"，牢记社会主义核心价值观，树牢民族命运共同体意识，树立正确的历史观刻不容缓。

3. 树立正确的文化观

青年一代，活力与创新能力是各年龄群体中最为突出的。中华文化历史底蕴深厚，经历数千年的沉淀，早已不是各民族数千年来所积累的文化在岁月长河中的简单相加，更多的是在各维度进行精华与糟粕的角逐，博采众长汇集而成的具有共同核心精神的综合体，是将各民族牢牢凝聚在一起的精神之魂。

在传统文化发扬创新过程中，近年来，国家为之付出了不少心血，从"古画会唱歌"到"国宝会说话"，从"青花瓷"到"双截棍"，传统文化的气息无处不在，赋之于传统文化之上的文化创新观也处处可见。故宫曾以我国古画《千里江山图》《洛神赋图》《韩熙载夜宴图》等流传千年的古画为载体，发出"邀请函"，为其填词谱曲。千年前，是年仅 18 岁的王希孟，千年后，是张亚东与方文山，千年前，是《千里江山图》，千年后是《丹青千里》。在这次影响重大的传统文化的传承与发扬中，将中国画、音乐、科技融合，与此同时也结合当下青年人的想象力与创造力，创造性地焕发出中国传统文化的力量。

《如果国宝会说话》是国家首次使用全新创作手段，融合当代青年喜好及互联网时代时间碎片化特征，向广大观众呈现的一部以中国传统文化为主题的大型纪录片。其创新不仅表现在播放方式上，还在内容上进行了多维度创新。在播放方面，该纪录片抛却了以往的长篇大论，与当前碎片化传播特征的互联网时代紧密结合，适应当前观众的实际需求；在内容方面，该纪录片以活泼灵动的配音、俏皮的动画特效，让原本刻板严谨的古文化主题变得生动有趣，迎合当代青年喜好，不仅在国内赢得一片叫好之声，在海外也获得了良好口碑。

总而言之，中华文化需要也必须有人将其进行继承，并在继承的基础上进行创新，从而使其保持长久的生命活力。在此过程中，青年的力量不容小觑。青年应该树立正确的文化观，积极丰富自己的精神世界，响应国家的号召主动承担起中华传统文化发扬与传播的重担。

中华民族发展延续了几千年，在这漫长的历史长河里，积累了深厚的文化底蕴，这是支持民族延续的力量，一种无法以物质衡量的力量。近年来，对于传统文化的传承有所重视，在继承中，也有多维度的创新，这是成千上万中华儿女为之努力的成果，也是所有中华儿女努力的方向。

结　语

当代青年在完成自身诸多人生重大课题的同时，也将自身发展推向与国家发展相交互的节点上，随着时代的进步，青年的个人发展几乎与国家的发展达到了一定程度的同步，成为国与国之间友好关系的建设者、深化合作的推动者。因此，拓宽国际舞台，发挥我国青年国际交往桥梁作用，积极培养能够立足于国际视野的正能量青年形象，为我国国家形象在各国树立新渠道提供力量开辟新路径。青年形象融入国家形象，积极寻找适合当前发展的可靠路径，引导积极的正能量青年形象与国家形象挂钩，为推动青年形象融入国家形象发挥积极作用，通过国家正面形象的树立，为提升国际地位，促进国家发展，增强我国综合国力与竞争力提供有利条件。

参考文献

一、中文专著

［1］孔颖达撰. 春秋左传正义［M］. 济南：山东友谊出版社，1993.

［2］陈炎. 海上丝绸之路与中外文化交流［M］. 北京：北京大学出版社，2002.

［3］国家发展改革委、外交部、商务部. 推动共建丝绸之路经济带和21世纪海上丝绸之路的愿景与行动［M］. 北京：人民出版社，2015.

［4］梁启超. 梁启超文集［M］. 北京：北京燕山出版社，2009.

［5］梁启超. 新大陆游记［M］. 北京：商务印书馆，2014.

［6］梁启超. 新中国未来记.［M］. 桂林：广西师范大学出版社，2008.

［7］林梅村. 丝绸之路考古十五讲［M］. 北京：北京大学出版社，2006.

［8］刘凤鸣. 山东半岛与东方海上丝绸之路［M］. 北京：人民出

版社，2007.

　　[9] 刘笑盈、贺文发. 俯视到平视 [M]. 北京：中国传媒大学出版社，2009.

　　[10] 马克思恩格斯全集 [M]. 北京：人民出版社，2016.

　　[11] 毛泽东选集：第五卷 [M]. 北京：人民出版社，1977.

　　[12] 饶宗颐. 蜀布与Cinapatta——论早期中印缅交通 [M] //饶宗颐. 饶宗颐东方学论集. 汕头：汕头大学出版社，1999.

　　[13] 尚书 [M]. 北京：中华书局，2012.

　　[14] 石云涛. 丝绸之路的起源 [M]. 兰州：兰州大学出版社，2014.

　　[15] 四书章句集注 [M]. 北京：中华书局，1983.

　　[16] 王义桅. "一带一路"：中国崛起的天下担当 [M]. 北京：人民出版社，2017.

　　[17] 王义桅. "一带一路"机遇与挑战 [M]. 北京：人民出版社，2015.

　　[18] 王义桅. 世界是通的："一带一路"的逻辑 [M]. 北京：商务印书馆，2016.

　　[19] 习近平谈治国理政 [M]. 北京：人民出版社，2014.

　　[20] 杨建新、卢苇. 丝绸之路 [M]. 兰州：甘肃人民出版社，1988.

　　[21] 郑方、肖端编.《乐记》导读 [M]. 北京：世界知识出版社，2015.

　　[22] 中共中央宣传部. 习近平总书记系列重要讲话读本 [M]. 北京：人民出版社，2016.

［23］周伟洲、丁景泰.丝绸之路大辞典［M］.西安：陕西人民出版社，2006.

［24］左传［M］.北京：中华书局，2016年。

［25］曹立.中国经济为什么行：新举措助力新常态［M］.北京：新华出版社，2015.

［26］国家行政学院经济学教研部.中国经济新常态［M］.北京：人民出版社，2014.

［27］王彤.世界与中国［M］.北京：中共中央党校出版社，2019.

［28］习近平.深化文明交流互鉴共建亚洲命运共同体［M］.北京：人民出版社，2019.

［29］马俊峰，马乔恩.构建人类命运共同体的历史性研究［M］.北京：人民出版社，2019.

［30］乐黛云，李比雄.跨文化对话［M］.北京：商务印书馆，2019.

［31］王灵桂，赵江林.人类命运共同体构建之路［M］.北京：社会科学文献出版社，2019.

［32］钱宗旗.罗斯北极战略与"冰上丝绸之路"［M］.北京：时事出版社，2018.

［33］宋涛.携手构建人类命运共同体［M］.北京：当代世界出版社，2018.

［34］张立文.中国传统文化与人类命运共同体［M］.北京：中国人民大学出版社，2018.

［35］俞丽霞.全球正义［M］.上海：上海社会科学院出版社，2018.

[36] 陈岳，蒲俜. 构建人类命运共同体 [M]. 北京：中国人民大学出版社，2018.

[37] 张战. 构建人类命运共同体思想研究 [M]. 北京：时事出版社，2018.

[38] 陆剑宝. 全球典型自由贸易港的建设经验研究 [M]. 广州：中山大学出版社，2018.

[39] 杜金岷. 开放蓝本 [M]. 重庆：重庆大学出版社，2018.

[40] 许利平. 构建人类命运共同体视阈下的中国与世界 [M]. 北京：中国社会科学出版社，2018.

[41] 田鹏颖，武雯婧. 天下为公 [M]. 北京：社会科学文献出版社，2018.

[42] 朱雷. "一带一路"跨文化沟通障碍应对体系研究 [M]. 北京：海洋出版社，2018.

[43] 吴涧生. 在合作共赢中推动人类命运共同体建设研究 [M]. 北京：中国言实出版社，2018.

[44] 朱雷. "一带一路"跨文化沟通障碍应对体系研究 [M]. 北京：海洋出版社，2018.

[45] 李爱敏. 从无产阶级国际主义到人类命运共同体 [M]. 北京：中国社会科学出版社，2018.

[46] 胡超. 我国沿边地区开放的模式、格局与绩效 [M]. 北京：人民出版社，2018.

[47] 江涛. 全球化与全球治理 [M]. 北京：时事出版社，2017.

[48] 杨建华，邵会秋，潘玲. 欧亚草原东部的金属之路 [M]. 上海：上海古籍出版社，2017.

[49] 王帆，凌胜利. 人类命运共同体 [M]. 长沙：湖南人民出版社，2017.

[50] 向宏. 大交通：从"一带一路"走向人类命运共同体 [M]. 成都：西南交通大学出版社，2017.

[51] 谭书敏. 青年价值观培育研究 [M]. 北京：人民出版社，2017.

[52] 蔡拓. 全球学与全球治理 [M]. 北京：北京大学出版社，2017.

[53] 马啸，王志民. 中华文明与人类共同价值 [M]. 北京：清华大学出版社，2017.

[54] 朱振. 中国口岸开放与发展之路 [M]. 北京：经济科学出版社，2017.

[55] 王灵桂，赵江林. "周边命运共同体"建设：挑战与未来：中外联合研究报告 [M]. 北京：社会科学文献出版社，2017.

[56] 高奇琦. "一带一路"倡议与全球治理 [M]. 上海：上海人民出版社，2017.

[57] 于洪君. 从参与全球化到打造共同体 [M]. 北京：中国经济出版社，2017.

[58] 朴光姬，钟飞腾，李芳. "一带一路"建设与东北亚能源安全 [M]. 北京：中国社会科学出版社，2017.

[59] 上田信. 东欧亚海域史列传 [M]. 厦门：厦门大学出版社，2017.

[60] 朱立元. 和谐与自由 [M]. 北京：商务印书馆，2017.

[61] 胡伟. "一带一路" [M]. 北京：人民出版社，2016.

[62] 庞中英. 全球治理的中国角色 [M]. 北京：人民出版社, 2016.

[63] 孙溯源. 金砖国家与全球治理 [M]. 上海：上海人民出版社, 2016.

[64] 辛本健. 全球治理的中国贡献 [M]. 北京：机械工业出版社, 2016.

[65] 王庆五. 共享发展 [M]. 南京：江苏人民出版社, 2016.

[66] 张岂之. 中华优秀传统文化的十二个核心理念 [M]. 南京：江苏人民出版社, 2016.

[67] 张立文. 和合学 [M]. 北京：中国人民大学出版社, 2016.

[68] 严绍璗, 刘渤. 中国与东北亚文化交流志 [M]. 北京：北京大学出版社, 2016.

[69] 蔡拓, 杨雪冬, 吴志成. 全球治理概论 [M]. 北京：北京大学出版社, 2016.

[70] 韩庆祥. 现实逻辑中的人 [M]. 北京：北京师范大学出版社, 2016.

[71] 入江昭. 我们生活的时代 [M]. 北京：中信出版社, 2016.

[72] 张智荣, 柴国君. 中蒙文化交流与文化产业合作研究 [M]. 北京：经济管理出版社, 2016.

[73] 王禹浪. 东北流域文明研究 [M]. 北京：社会科学文献出版社, 2016.

[74] 卢静. 全球治理 [M]. 北京：社会科学文献出版社, 2016.

[75] 庞永红. 分配正义与转型期弱势群体研究 [M]. 北京：中央编译出版社, 2016.

［76］李晓鹏. 从黄河文明到"一带一路"［M］. 北京：中国发展出版社，2016.

［77］费孝通. 文化与文化自觉［M］. 北京：群言出版社，2016.

［78］米华健. 丝绸之路［M］. 南京：译林出版社，2016.

［79］邵宇，秦培景. 全球化4.0［M］. 北京：广西师范大学出版社，2016.

［80］姚勤华，权衡. 国际政治经济学理论前沿［M］. 上海社会科学院出版社，2016.

［81］张青仁. 行香走会［M］. 北京：中央民族大学出版社，2016.

［82］胡寅寅. 走向"真正的共同体"［M］. 哈尔滨：哈尔滨工程大学出版社，2016.

［83］丰子义，杨学功，仰海峰. 全球化理论与实践［M］. 南京：江苏人民出版社，2016.

［84］吉磊. 有效多边主义［M］. 上海：上海人民出版社，2016.

［85］王绵厚，朴文英. 中国东北与东北亚古代交通史［M］. 沈阳：辽宁人民出版社，2015.

［86］曼昆. 经济学原理［M］. 北京：北京大学出版社，2015.

［87］荣新江. 丝绸之路与东西文化交流［M］. 北京：北京大学出版社，2015.

［88］王灵桂. 国外智库看"一带一路"［M］. 北京：社会科学文献出版社，2015.

［89］许利平. 中国与周边命运共同体的构建与路径［M］. 北京：社会科学文献出版社，2015.

[90] 富景筠. 丝绸之路经济带与欧亚经济联盟 [M]. 北京：社会科学文献出版社，2015.

[91] 刘华芹. 丝绸之路经济带 [M]. 北京：中国商务出版社，2015.

[92] 庞中英. 重建世界秩序 [M]. 北京：中国经济出版社，2015.

[93] 李晓鹏. 从黄河文明到"一带一路" [M]. 北京：中国发展出版社，2015.

[94] 陶坚，林宏宇. 中国崛起与全球治理 [M]. 北京：世界知识出版社，2014.

[95] 许亮. 东北亚安全制度中的同盟主义与多边主义 [M]. 北京：中国政法大学出版社，2014.

[96] 王小章. 从"自由或共同体"到"自由的共同体" [M]. 北京：中国人民大学出版社，2013.

[97] 王小章. 从"自由或共同体"到"自由的共同体" [M]. 北京：中国人民大学出版社，2013.

[98] 李德顺. 我们时代的人文精神 [M]. 北京：北京师范大学出版社，2013.

二、译著

[1] 彼得·弗兰科潘. 丝绸之路：一部全新的世界史 [M]. 邵旭东，孙芳，译. 杭州：浙江大学出版社，2016.

[2] 亨利·裕尔. 东域纪程录丛——古代中国闻见录 [M]. 考迪埃，修订. 张绪山，译. 北京：中华书局，2008.

[3] 李希霍芬. 中国旅行日记 [M]. 李岩，王彦会，译. 北京：商务印书馆，2018.

[4] 塞缪尔·亨廷顿. 变化社会中的政治秩序 [M]. 王冠华，刘为，等译. 沈宗美，校. 上海：上海人民出版社，2008.

[5] 塞缪尔·亨廷顿. 文明的冲突 [M]. 周琪，刘绯，张立平，等译. 北京：新华出版社，2017.

[6] 塞缪尔·亨廷顿. 文明的冲突与世界秩序的重建（修订版）[M]. 周琪，刘绯，张立平，等译. 北京：新华出版社，2018.

[7] 魏泓. 丝绸之路：十二种唐朝人生 [M]. 王姝婧，莫嘉靖，译. 成都：四川人民出版社，2020.

[8] 薛爱华. 撒马尔罕的金桃：唐代舶来品研究 [M]. 吴玉贵，译. 北京：社会科学文献出版社，2016.

[9] 约瑟夫·奈. 软力量——世界政坛成功之道 [M]. 吴晓辉，钱程，译. 北京：东方出版社，2005.

[10] 约瑟夫·奈. 注定领导世界：美国权力性质的变迁 [M]. 刘华，译. 北京：中国人民大学出版社，2012.

三、期刊

[1] "两会"热议："一带一路"全面布局 [J]. 太平洋学报，2015，23（03）：2.

[2] 安宇宏. "一带一路"战略 [J]. 宏观经济管理，2015（01）：82.

[3] 柏学翥. "一带一路"外交战略与习近平道义领导力 [J]. 领导科学，2015（13）：8-9.

[4] 鲍静海,韩小蕊. 我国对"一带一路"沿线国家直接投资的出口效应 [J]. 中国流通经济,2021,35 (04):82-92.

[5] 别诗杰,祁春节. 中国与"一带一路"国家农产品贸易的竞争性与互补性研究 [J]. 中国农业资源与区划,2019,40 (11):166-173.

[6] 才源源,周漫,何佳讯. "一带一路"背景下中国品牌文化价值观运用分析 [J]. 社会科学,2020 (01):38-49.

[7] 曹冲,陈俭,夏咏. "一带一路"背景下中国对中亚五国出口商品结构升级研究——基于显性比较优势、技术附加值和质量水平的分析 [J]. 新疆大学学报(哲学·人文社会科学版),2020,48 (01):48-56.

[8] 陈柏福,刘莹. 我国对外文化贸易竞争力状况分析——基于"一带一路"沿线国家核心文化产品贸易的比较 [J]. 湖湘论坛,2021,34 (01):115-128.

[9] 程显宏,李豫新,邹宗森. "一带一盟"对接合作视阈下贸易便利化对出口持续时间的影响研究 [J]. 重庆大学学报(社会科学版),2022,28 (02):38-52.

[10] 储殷,高远. 中国"一带一路"战略定位的三个问题 [J]. 国际经济评论,2015 (02):90-99,6.

[11] 崔力航,李翠霞. "一带一路"倡议对中国向沿线国家乳制品出口的影响研究 [J]. 中国乳品工业,2021,49 (03):42-46.

[12] 邓轶嘉,余姗. "一带一路"倡议下目的国制度环境对企业投资绩效的影响研究 [J]. 宏观经济研究,2021 (03):52-66.

[13] 冯一帆,张青青. "一带一路"六大经济走廊贸易便利化

测评报告（2013—2018）[J]．人民论坛·学术前沿，2019（19）：64-91.

[14] 高振，赵顺，倪卫红，等．"一带一路"沿线国家农业标准协同研究——以中国与东盟国家农机贸易为例[J]．科技管理研究，2020，40（01）：144-149.

[15] 公丕萍，宋周莺，刘卫东．中国与"一带一路"沿线国家贸易的商品格局[J]．地理科学进展，2015，34（05）：571-580.

[16] 宫月晴．中国品牌建构国家形象作用机制研究——基于"一带一路"沿线消费者深访的研究[J]．现代传播（中国传媒大学学报），2019，41（10）：131-137.

[17] 韩永辉，邹建华．"一带一路"背景下的中国与西亚国家贸易合作现状和前景展望[J]．国际贸易，2014（08）：21-28.

[18] 黄剑辉，李洪侠．"一带一路"战略视阈下我国区域经济的协调发展[J]．税务研究，2015（06）：22-30.

[19] 黄章黎．"一带一路"背景下竹藤产业的可持续发展对策[J]．林产工业，2019，56（11）：71-73.

[20] 霍忻．认证认可制度体系与发展模式研究——基于"一带一路"沿线国家的分析[J]．技术经济与管理研究，2020（02）：94-100.

[21] 贾庆国．大胆设想需要认真落实"一带一路"亟待弄清和论证的几大问题[J]．人民论坛，2015（09）：28-30.

[22] 蒋志刚．"一带一路"建设中的金融支持主导作用[J]．国际经济合作，2014（09）：59-62.

[23] 金玲．"一带一路"：中国的马歇尔计划？[J]．国际问题研

究，2015（01）：88-99.

[24] 金应忠．"一带一路"是欧亚非的共同发展战略 [J]．国际展望，2015，7（02）：85-96.

[25] 孔令夷．"一带一路"沿线省域生产性服务业与制造业联动融合关系辨析 [J]．中国流通经济，2020，34（02）：36-46.

[26] 蓝艳，花瑞祥，柴伊琳，等．中国与"一带一路"沿线国家贸易结构及对国内环境的影响分析 [J]．环境科学研究，2020（07）：27-27.

[27] 李金叶，李春莹．境外经贸合作区对"一带一路"沿线国家的经济效益研究 [J]．商业经济研究，2020（02）：147-151.

[28] 李世杰，曹雪菲，周宁．政治风险影响我国直接投资"一带一路"国家的实证分析 [J]．江淮论坛，2019（06）：127-133.

[29] 李天国．"一带一路"框架下中日在越南的第三方市场合作——基于贸易关系的比较研究 [J]．当代经济管理，2020（07）：53-56.

[30] 刘美平．中国"一带一路"倡议蕴含的陆海统筹文明观研究 [J]．社会科学辑刊，2019（06）：76-84，213.

[31] 刘卫东．"一带一路"战略的科学内涵与科学问题 [J]．地理科学进展，2015，34（05）：538-544.

[32] 陆华，汪鸣，杜志平．中国与"一带一路"沿线中东欧国家物流绩效对比分析 [J]．中国流通经济，2020，34（03）：55-65.

[33] 栾秋琳，安虎森．比较优势、产业转移与国际分工——基于"一带一路"倡议的研究 [J]．西南民族大学学报（人文社科版），2020，41（03）：115-124.

［34］年光宇，刘润民．"一带一路"倡议背景下我国竹藤家具出口分析［J］．林产工业，2021，58（03）：67-69.

［35］潘家华．"一带一路"倡议的战略再思考［J］．海南大学学报（人文社会科学版），2020，38（01）：1-10，180.

［36］齐苗苗，段晓峰．基于列车时刻表的"一带一路"节点城市高速铁路网络空间演变研究［J］．铁道标准设计，2021，65（04）：57-63.

［37］齐欣，唐卫红．"一带一路"倡议下第三方市场合作的投资效应及模式选择［J］．亚太经济，2021（02）：103-113.

［38］任慧．基于引力模型"一带一路"背景下中国与中亚五国蔬菜出口贸易潜力研究［J/OL］．北方园艺，2020-05-27.

［39］茹蕾，姜晔，陈瑞剑．"一带一路"农业产业园区建设：趋势特点与可持续发展建议［J］．世界农业，2019（12）：21-26，70，133.

［40］施杭齐，刘玉安．论"一带一路"建设的可持续发展基础［J］．国际观察，2020（01）：138-156.

［41］石先进．"一带一路"框架下中国与中亚五国农业产能合作路径［J］．云南大学学报（社会科学版），2020，19（01）：135-144.

［42］石泽．"一带一路"与理念和实践创新［J］．中国投资，2014（10）：43-45，42.

［43］宋双双．在"一带一路"战略下扩大对外农业合作［J］．国际经济合作，2014（09）：63-66.

［44］宋周莺，车姝韵，王姣娥，等．中国沿边口岸的时空格局

及功能模式 [J]. 地理科学进展, 2015, 34 (05): 589-597.

[45] 苏岚, 魏晓莎. 中国特色社会主义理论体系视角下的"一带一路"倡议 [J]. 东北亚论坛, 2020, 29 (02): 101-110, 128.

[46] 孙建秋, 王婷婷. "一带一路"沿线国家物流绩效与中国投资区位选择 [J]. 商业经济研究, 2020 (02): 104-106.

[47] 汪旭晖, 郭一凡. "一带一路"沿线民族品牌联合策略研究——基于消费者自我一致性视角 [J]. 西北民族研究, 2019 (04): 152-161.

[48] 王立国, 王昱睿. 私人资本参与"一带一路"沿线基础设施项目的影响因素分析——基于沿线 41 个发展中国家的实证分析 [J]. 投资研究, 2019, 38 (10): 81-92.

[49] 王义桅. 论"一带一路"的历史超越与传承 [J]. 人民论坛·学术前沿, 2015 (09): 19-27.

[50] 王宇, 韩璐, 李影, 等. 东道国营商环境与中国"一带一路"投资分布选择 [J]. 内蒙古大学学报 (自然科学版), 2021, 52 (02): 214-224.

[51] 徐琴, 孙绍勇. "一带一路"文化共同体的生成逻辑探析 [J]. 广西社会科学, 2019 (11): 141-144.

[52] 许阳贵, 刘云刚. 中国与"一带一路"沿线国家贸易及其影响因素 [J]. 热带地理, 2019, 39 (06): 855-868.

[53] 许正中, 杜宏巍. 世界格局变迁中的战略主动权之争——新常态下, 如何善用巧实力? [J]. 人民论坛·学术前沿, 2015 (06): 42-55.

[54] 杨栋旭, 于津平. "一带一路"沿线国家投资便利化对中

国对外直接投资的影响：理论与经验证据［J］. 国际经贸探索，2021，37（03）：65-80.

　　［55］杨临萍.“一带一路”背景下铁路提单与铁路运单的协同创新机制［J］. 中国法学，2019（06）：66-85.

　　［56］姚辉斌，张亚斌. 要素禀赋差异、制度距离与中国对“一带一路”沿线国家 OFDI 的区位选择［J］. 经济经纬，2021，38（01）：66-74.

　　［57］于欣.“一带一路”倡议下中国企业赴俄罗斯农业投资现状及分析［J］. 学术交流，2019（11）：189.

　　［58］岳晓，王会举，李向毅，等. 中国各地区对“一带一路”沿线国家的农产品出口研究［J］. 宏观经济研究，2019（12）：119-129.

　　［59］张可云，蔡之兵. 全球化4.0、区域协调发展4.0与工业4.0——“一带一路”战略的背景、内在本质与关键动力［J］. 郑州大学学报（哲学社会科学版），2015，48（03）：87-92.

　　［60］张微，卜伟.“一带一路”下中国企业“走出去”投资模式研究——基于政治、文化和制度距离［J］. 投资研究，2019，38（09）：146-156.

　　［65］张卫华，温雪，梁运文.“一带一路”区域价值网结构演进与国家角色地位变迁——基于43国的社会网络动态分析［J］. 财经理论与实践，2021，42（01）：133-140.

　　［61］张玉杰.“一带一路”是中国建设大棋局中的棋眼［J］. 中国党政干部论坛，2014（12）：17-19.

　　［62］张原野.“一带一路”倡议下的中国对外投资风险与规避

策略 [J]. 人民论坛·学术前沿, 2019 (21): 100-103.

　　[63] 章添香. 出口信用保险在"一带一路"建设中的作用与发展 [J]. 国际经济合作, 2020 (01): 117-126.

　　[64] 赵昌平, 李睿, 齐建华, 等. 基于决策规则结构化模型的"一带一路"网络博弈仿真研究 [J]. 华中师范大学学报（自然科学版）, 2019, 53 (06): 968-976.

　　[65] 朱兰亭, 杨蓉. 东道国国家风险对中国在"一带一路"沿线国家直接投资的影响研究 [J]. 投资研究, 2019, 38 (06): 36-46.

　　[66] 邹嘉龄, 刘春腊, 尹国庆, 等. 中国与"一带一路"沿线国家贸易格局及其经济贡献 [J]. 地理科学进展, 2015, 34 (05): 598-605.

　　[67] 邹全程, 冯晓川, 慕晓炜, 等. "一带一路"背景下中国与巴布亚新几内亚农林综合开发利用合作探析 [J]. 世界林业研究, 2020, 33 (01): 110-115.

　　[68] 杜毅刚. "一带一路"背景下工程机械行业境外融资的创新与实践——以中联重科为例 [J]. 财务与会计, 2019 (19): 21-24.

　　[69] 张一平. 借力人民币国际化的东风——"一带一路"战略研究 [J]. 银行家, 2015 (04): 59-62.

　　[70] 周春应, 王惜凡. 人民币与"一带一路"主要国家货币的汇率联动效应——基于 DCC-MIDAS 模型的实证 [J]. 金融理论与实践, 2021 (04): 36-43.

　　[71] 龚雯, 田俊荣, 王珂. 新丝路：通向共同繁荣 [J]. 人民日报, 2014 (10): 1.

四、报纸

[1] 升级中国经济硬实力 [N]. 新华每日电讯，2013-11-08.

[2] 习近平. 在布鲁日欧洲学院的演讲 [N]. 人民日报，2014-04-02 (002).

[3] 关于深化互利共赢的中欧全面战略伙伴关系的联合声明 [N]. 人民日报，2014-04-01.

[4] 杜尚泽，郝洪. 习近平同哈萨克斯坦总统纳扎尔巴耶夫举行会谈指出深化中哈战略合作大有可为 [N]. 人民日报，2014-05-20 (002).

[5] 杜尚泽，郝洪. 习近平会见乌兹别克斯坦总统 [N]. 人民日报，2014-05-21 (001).

[6] 杜尚泽，赵成. 习近平会见巴基斯坦总统 [N]. 人民日报，2014-05-23 (001).

[7] 中国—阿拉伯国家合作论坛第六届部长级会议北京宣言 [N]. 人民日报，2014-06-06.

[8] 赵明昊. 习近平会见孟加拉国总理哈西娜 [N]. 人民日报，2014-06-11 (001).

[9] 高虎城. 深化经贸合作共创新的辉煌（理论版）[N]. 人民日报，2014-07-02.

[10] 外国政要谈"丝路共建" [N]. 人民日报，2014-07-02 (005).

[11] 习近平在韩国国立首尔大学发表重要演讲 [N]. 人民日报，2014-07-05 (001).

［12］习近平.弘扬人民友谊 共创美好未来——在纳扎尔巴耶夫大学的演讲［N］.人民日报，2013-09-08（003）.

［13］习近平.携手建设更加美好的世界——在中国共产党与世界政党高层对话会上的主旨讲话［N］.人民日报，2017-12-22（002）.

［14］习近平：携手共命运 同心促发展［N］.人民日报，2018-09-07（002）.

［15］持续推进高质量共建"一带一路"（2020·年终专稿）［N］.人民日报，2020-12-27（003）.

［17］陈鹰.2020年我国推动共建"一带一路"取得新进展新成效［N］.中国经济导报，2021-03-31.

五、英文文献

［1］AmritaJash, China's "One Belt, One Road"：A Roadmap to "Chinese Dream"？［J］. Indra Stra Global, 2016（02）.

［2］Robert Lawrence Kuhn. The "Silk Road Economic Belt" Strategy：Actualizing President Xi Jinping's Foreign Policy［EB/OL］. *China Go Abroad*, 2014-6-20.

［3］Amrita Jash. China's "One Belt, One Road"：A Roadmap to Chinese Dream？［J］. *Indra Stra Global*, 2016（02）.

［4］Yoshikawas. China maritime silk road initiative and local government［J］. Journal of contemporary East Asia studies, 2016（02）：63.

后记：
加快构建青年参与共建"一带一路"新格局

自"一带一路"倡议提出以来，各领域交流深入推进，中国青年国际交往更加频繁，为新时代青年创新发展带来机遇，青年在参与共建"一带一路"中的作用逐步显现。

2013 年 3 月，在莫斯科国际关系学院，习近平总书记首次提出人类命运共同体理念，指出"人类生活在同一个地球村里，生活在历史和现实交汇的同一个时空里，越来越成为你中有我、我中有你的命运共同体。"2017 年 1 月，在联合国日内瓦总部，习近平总书记在发表题为《共同构建人类命运共同体》的主旨演讲时强调："构建人类命运共同体是一个美好的目标，也是一个需要一代又一代人接力跑才能实现的目标。"2018 年 8 月 28 日，习近平总书记给参加"一带一路"青年创意与遗产论坛的青年代表回信，强调青年是国家的未来，勉励他们为构建人类命运共同体作出自己的努力。

"一带一路"倡议提出以来，截至 2019 年，中国同沿线国家共建的 82 个境外合作园区为当地创造近 30 万个就业岗位。各领域人文交流深入推进，为青年国际交往和创新创业搭建了平台，中国青年国际交往更加频繁，为新时代青年创新发展带来机遇，青年在参与共建"一带一路"中的作用逐步显现。简言之，"一带一路"为青年创新发展搭建了平台，青年的参与也促进了"一带一路"共建提质增效，青年是平台的受益者和建设者。但从实践和调查研究情况来看，青年群体参与共建"一带一路"存在着参与方式单一、自主性不强，参与机制系统性不足，参与效果不彰等问题。在加快构建新发展格局的大背景下，如何发挥青年积作用推进共建"一带一路"，如何发挥"一带一路"平台作用促进青年创新发展，形成良性互动和政策合力，需要进一步厘清理念和路径两个层面的问题，进而形成系统性机制保障，提升参与有效性。

一、坚持融合发展理念

青年是参与共建"一带一路"的生力军，既是参与者、实践者、受益者，也是共建"一带一路"的创新力和推动力，因此，应坚持融发合展的理念。

从人文交流角度来看，青年是促进民心相通的重要力量。民心相通是共建"一带一路"的重要环节和社会根基，而人文交流是实现民心相通的重要路径。青年是增进人文交流的重要力量，习近平总书记说"青年最富有朝气，最富有梦想，是未来的领导者和建设者。[1] 国之交在于民相亲，而民相亲要从青年做起。[2]"近年来，在"一带一路"框架下举办的中外青年友好交流活动品类丰富，规模也

---

[1]　习总书记 2015 年 10 月 26 日在联合国教科文组织第九届青年论坛开幕式上的贺词。
[2]　习近平 2015 年 4 月 7 日出席第十五届中越青年友好会见活动时的讲话。

越来越大，艺术夏令营、志愿服务、影像展、文化旅游交流活动等受到广泛欢迎，产生了较好的效果，为促进民心相通夯实了基础。

从国家形象塑造来看，良好的国家形象是一个国家提升国际影响力、凝聚力的重要手段。青年形象是国家形象的重要组成部分，青年形象的塑造和展示与经济发展、时代主题、社会思潮、文化积淀、国家叙事方式等紧密相关，并发生着历时态流变，因此，青年是时代的晴雨表，时代如何，青年形象就是怎样。自信、包容、诚实、进取的青年形象，必然能彰显中国气派，助力提升国家形象的影响力。

从传播媒介角度来看，高效的传播媒介是推动共建"一带一路"的重要载体。从近年的实践来看，传播媒介在展示我国综合实力、争取话语权、构建国家形象、增进国家间的相互了解和信任方面发挥了重要作用。这其中，网络传播和人际传播扮演着越来越重要的角色，而这两种传播方式的共同活跃主体是青年群体。进入新媒体时代，在对外国际传播中，脸谱、推特等媒体为青年的主要交流方式，他们从自身和日常生活视角生动、细腻的表达着中国形象，进行国际形象交流与展示，体现爱国情怀及对主流意识形态的认同，具有互动性强、直接有效的"微"特色，与主流媒体形成互补，成为国家形象传播与塑造的重要要方式。

从青年群体的构成来看，青年是共建"一带一路"的生力军，但这个青年群体应具有更广阔的包容性，要从"共商共建共享"的原则来看待青年群体的构成，既要发挥中国青年的主动性，也要引导和发挥"一带一路"沿线国家青年的作用，只有这样才能形成更大范围的文化交流和价值共识，增强共建的合力。中国的海外留学生、海外青年汉学家、外资企业人员等群体有独特的地缘优势和语言特长，讲述中国悠久的历史传统文化更加多元、立体、丰富，能提升对外传递中国社会价值观的有效性。

二、建立综合协调机制

当前，青年参与共建"一带一路"的主要路径分为政府和民间两个方面，整体上呈现政府方面为主，民间为辅的局面。政府路径主要为"一带一路"沿线国家间建立的多层次人文合作交流机制，包括教育合作（含留学生交流）、智库交流、旅游交流、文化交流（友好交流年、艺术节等）、遗产保护合作等，以重大项目为载体。民间路径主要体现在学术交流、文化艺术交流、旅游交流、网络交流等，以民间团体和个人交流为主，虽然整体交流的规模和频率远低于政府路径，但其发挥的作用不可替代。在加快构建新发展格局的新形势下，提升青年参与共建"一带一路"的有效性，应统筹国内国外两个大局，进一步拓宽路径，形成青年参与的机制保障。

建立完善综合协调保障机制。坚持系统观念和创新发展，在"一带一路"多层次人文合作交流机制总体框架下创建青年参与共建"一带一路"综合协调保障机制，统筹协调外交、商务、宣传文化、教育、青年等部门、行业组织、相关企业和社会等力量，形成更大范围的共识和合力。深入研究当代青年发展的特点和规律，建立符合青年发展逻辑和时代需求的参与方式、路径、平台和载体，形成财政、人力资源等方面的保障。把握以数字经济推动"一带一路"

高质量发展带来的历史机遇，提升青年数字素养，发挥青年的创新创造作用。以切实提升以参与的有效性为目标，形成参与效果评价体系，明确青年参与共建的方向和重点。

重视发挥青年民间交流作用。与有组织的青年交流不同，民间的青年交流，如旅游、留学、打工，度假、学术考察等，往往没有系统的组织性、以散点式的人际交往为主，规模小但频率高，活泼而不僵化，更接地气、易融于当地社会，其鲜活的生活故事产生的影响力和感召力具有独特价值。坚持从本土和他国视野出发，鼓励和支持国际青年民间交流，加大宣传培训力度，编制中国青年对外文化交流读本，让青年在民间交流中宣传中国传统文化和中国新时代核心价值观成为自觉行动，生动的讲好中国故事。

充分发挥互联网平台正向作用。互联网平台已成为国际话语权争夺的热点，特别是社交媒体已成为舆论场的决定性力量。应深刻理解和把握社交媒体的现代性、互动性、广泛性特点，针对其主要用户青年群体，构建"一带一路"青年传播矩阵，积极利用新技术，采取青年受众群体熟识的话语体系讲述中国文化，增强传播体验性、趣味性、互动性和有效性，进而提升青年的对中国文化认同感和国家认同感。同时，要对网络传播的负面影响采取有效的阻断措施，着力正本清源，防止其他势力的污名化，消弥文化"出海"中的折扣问题，提升青年参与一带一路话题的主导权，让国际社会更加多元理性地认识中国。

加强青年间的交往已成为"一带一路"沿线国家的共识。《第二届"一带一路"国际合作高峰论坛圆桌峰会联合公报》提出：

"互联互通让不同国家、人民和社会之间的联系更加紧密。我们相信"一带一路"合作有利于促进各国人民以及不同文化和文明间的对话交流、互学互鉴。我们欢迎扩大人文交流的努力，包括加强青年间的交往。"在多层次人文交流机制的大框架下，应加快构建以政府为主导、以青年为主体、行业组织、企业和社会共同参与的青年参与共建"一带一路"新发展格局，为推动共建"一带一路"、实现人类命运共同体理念发挥青年作用，助力青年全面成长。

由此，提出加快构建青年参与"一带一路"新格局问题，正是对"一带一路"视域下的国家形象与青年形象研究的开拓和创新，是对近年来青年研究所处时代特点和发展需求的积极回应，将进一步充实和完善"一带一路"视域下的国家形象与青年形象研究的内涵。通过国家形象与青年形象工程的创建与实施，为推进青年发展战略与"一带一路"倡议融合发展提供理论和现实依据，为国家形象构建提供人的载体，把国家形象构建落实到青年形象构建的载体上。